社会契约论

或

政治权利的原理

〔法〕卢梭 著

李平沤 译

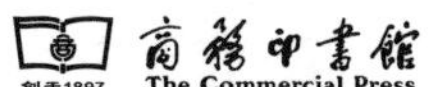

创于1897 商務印書館 The Commercial Press

Jean-Jacques Rousseau

DU

CONTRAT SOCIAL

OU

PRINCIPES DU DROIT POLITIQUE

Garnier-Flammarion

根据嘉尼埃—弗拉玛尼翁出版社 1966 年版译出

译者前言

他[①]是法国大革命的先驱。

——罗伯斯庇尔

卢梭的《社会契约论》是一部政治哲学著作。它探讨的是政治权利的原理，它的主旨是为人民民主主权的建立奠定理论基础。它的问世，是时代的需要，是人类社会向前进步的产物；它正确回答了历史进程提出的问题：法国命运的航船驶向何方？

人类是幸运的，人民是伟大的，在历史发展的紧要关头，总有人指引前进的道路，人民总能及时做出正确的抉择。

“在18世纪的法国政治思想领域里，存在着三种改革国家政治制度的学说：孟德斯鸠主张立宪君主制，伏尔泰主张开明的君主制，[②]而卢梭主张民主共和制。1789年的法国大革命最终选择了卢梭的主张，实行民主共和制。”[③]

---

① 指卢梭。引自罗伯斯庇尔于法国共和历二年花月（1794年5月）19日在国民公会发表的演说。

② 伏尔泰虽然是一位自由主义思想家，但他并不主张赶走国王。他认为哲学家可以引导和启迪国王做开明的君主。他这套主张曾经在普鲁士国王腓特烈二世身上做过尝试，但没有取得成功：他到柏林与腓特烈二世相处仅一年多，这位国王就像“扔掉榨干了汁水的橙子皮似地”把他打发走了。

③ 见拙作《主权在民Vs“朕即国家”——解读卢梭〈社会契约论〉》，山东人民出版社2001年版，第106页。

一、“我把我的一生献给真理。”[①]

笔者在山东人民出版社2001年版《主权在民Vs“朕即国家”——解读卢梭〈社会契约论〉》的引言中，有几段话谈到《社会契约论》对1789年法国大革命产生的影响，现略加修改和删节，引录如下：

> 卢梭在《社会契约论》正文前的“小引”中说他这本书是一篇“简短的论文”，是从一部“内容极为广泛的著作中摘录出来的”。他说：“就这部著作已经写好的文字中可供采择的各部分而言，以这一部分最为重要，因此我认为还不是不值得奉献于公众。”
>
> 他这个话是1762年说的，说得很谦逊。卢梭没有料到的是，时隔二十七年之后，到1789年法国大革命一爆发，他这篇“简短的论文”不仅“可供采择”，而且变得家喻户晓、广为人知，人们一谈到“自由和平等”，一谈到人民是“国家的主权者”，人民的主权“是不可转让的”，就要从他的《社会契约论》中寻找依据，就要用这本书作为他们推翻君主专制和建立民主制度的理论武器。
>
> 《社会契约论》1762年发表时，作者署名为“日内瓦公民让-雅克·卢梭著”。有趣的是，恰恰是这位作者热爱的日内

① 这句话是卢梭的座右铭。1759年3月18日他决定以这句话激励自己，并专门刻了一方镌有这句话的图章。

瓦共和国[①]对这本书谴责得最厉害，说它是“胆大妄为的，可恶的，亵渎宗教的，试图打倒教会和推翻各国政府的”。

在《社会契约论》出版后的第二年，即1763年，有人发表了一篇文章，题名《为宗教雪耻——驳斥亵渎宗教的作者》，指摘卢梭的《社会契约论》是一本“煽动暴乱的书”。有一个名叫贝尔蒂埃的耶稣会教士，在卢梭的《社会契约论》发表后不久，便着手写一本《评让-雅克·卢梭的〈社会契约论〉》，几乎逐章逐段地批驳《社会契约论》中的观点，为君权神授说大唱赞歌。然而，等到他的书经过图书审查官的审查，于1789年6月15日批准出版后仅一个月，即1789年7月14日，巴黎人民便攻破了巴士底狱，拉开了法国大革命的帷幕，应验了那些对卢梭的《社会契约论》提出指摘的人的谶语。

卢梭逝世于1778年，1789年的法国大革命当然不是由他和他的《社会契约论》直接发动或煽动起来的；大革命的爆发自有它内在的和外在的原因，但卢梭的《社会契约论》对它的爆发和发展起到了催化和推动作用，则是世所公认的。在当时革命运动的领袖人物发表的文章和演说中，卢梭的《社会契约论》中的论点，比其他任何一个思想家和政论家的言论被引用的次数都多。无论是赞成或反对卢梭的人都承认他这本书在点燃革命烈火方面起到了

① 在18世纪，日内瓦是一个城邦式的共和国。关于这个共和国的描述，请参见达朗贝尔给《百科全书》第7卷写的《日内瓦》（李平沤选编：《法国散文精选》，北岳文艺出版社1999年版，第207页）。

极其重要的作用。正如梁启超在《论学术之势力左右世界》一文中所说的：卢梭的《民约论》[①]在“欧洲学界如旱地起一霹雳，如暗界放一光明，风驰云卷，仅十余年，遂有法国大革命之事。自兹以往，欧洲列国之革命纷纷继起，卒成今日之民权世界。《民约论》，法国大革命之原动力也；法国大革命，十九世纪全世界之原动力也”。[②]

卢梭在《社会契约论》的“小引”中所说的那部“内容极为广泛的著作”，指的是他1744年开始思考和着手撰写的《政治制度论》。关于这部书的写作的起因和经过，他在《忏悔录》中是这样说的：

> 我在威尼斯的那段期间[③]，有些事情使我看出那个被人们如此夸赞的政府竟有许多缺陷，因此，在十三或十四年前，我对《政治制度论》这本书的写作就已经有了初步的轮廓。此后，由于我从历史的角度去研究伦理学，我的眼界便大为开阔。我发现，所有一切问题的根子，都出在政治上。不论从什么角度看，没有哪一个国家的人民不是他们的政府的性质使他们成为什么样的人，他们就成为什么样的人。所以我觉得：“怎样才是一个尽可能好的政府”这个大问题，可以归纳成这

---

① 《民约论》，《社会契约论》的旧译名。

② 梁启超：《论学术之势力左右世界》，上海广智书局《饮冰室文集》（上），《学术》第2页。

③ 指他1743年8月至1744年9月在法国驻威尼斯使馆担任秘书那段期间。

> 样一个问题："什么性质的政府才能培养出最有道德、最贤明和心胸最豁达的人民？"——总而言之一句话：什么性质的政府才能培养出按"最好"二字最广泛的意义说来足可称为"最好的人民"？我还发现，这个问题与另外一个尽管与它有所不同但是是极其相似的问题，那就是："什么样的政府才能由于它的本性的驱使，行事处处都合乎法律？"[①]

从这段叙述可以看出，他当初写《政治制度论》的主旨，以及他后来在《社会契约论》中反复发挥的理论，都集中在解决一个他比喻为"几何学上的化圆为方问题，[②]即如何找到一个能把法律置于一切人之上的政府形式"。[③]

政府的形式问题，是《社会契约论》第3卷着重论述的问题。卢梭在该卷第1章特别提请读者注意"本章必须仔细阅读"。后来，他在《山中来信》(1764)第5封信中又对"政府这个词的确切意义"做了解说，词句更加简明，对阅读《社会契约论》大有帮助，因此我们将它一并译出，作为脚注，加在第3卷第1章。

在18世纪的法国，谈论政府的形式问题，是一个必然会触怒当局的问题，因为当时的法国实行的是君主专制制度，政府的形式早已确定。路易十四说"朕即国家"，而卢梭在书中竟然提出政府的形式问题，这难道不是在向国王挑战，要颠覆王国政

---

① 卢梭：《忏悔录》，第9卷，巴黎《袖珍丛书》1972年版，下册，第122页。

② "化圆为方问题"，即：作一个与已知圆的面积相等的正方形问题，这是古希腊几何学上的三大难题之一。

③ 1767年7月26日卢梭致米拉波侯爵(1715—1789)的信；着重号是原有的。

府吗？路易十五的王国政府1757年4月16日颁布了一道法令，通告全国："无论何人只要撰写或指使他人撰写和印刷反对宗教和国王权威的文章，都将被处以极刑。"皇皇禁令悬诸国门，晓谕天下，难道卢梭不害怕触犯王国政府的禁令吗？他没有害怕，没有退缩；他继续写他的书，终于在1762年将《社会契约论》"奉献于公众"，实践了他遵循的座右铭"我把我的一生献给真理"。

二、卢梭为揭示真理付出了沉重的代价

《社会契约论》出版于1762年4月，一个月以后，即1762年5月，《爱弥儿》出版。这两本书一问世，便遭到日内瓦和巴黎当局的查禁，书被当众焚毁，作者的人身受到威胁：6月9日，巴黎高等法院发出逮捕令，捉拿卢梭。幸得友人的通风报信，卢梭及时连夜出逃，从此开始他长达八年之久的流亡生活，颠沛流离，居无定所，到处被人驱赶，直到1778年7月2日他在埃默农维尔逝世时，对他的逮捕令还没有撤销，他的身份依然是一个负案在逃的犯人。

然而，历史是公正的，人民对这位为传播真理而著书立说的作者是怀着钦敬和感激之情的。1794年10月，法国国民公会重置棺木，将卢梭从埃默农维尔移葬首都"供奉不朽的人的殿堂"——巴黎先贤祠邦德翁，供世人永久瞻仰。

三、《社会契约论》的两个稿本

《社会契约论》有两个稿本:一个初稿本,一个定稿本。[①] 初稿本现藏日内瓦图书馆,通称"日内瓦稿本";定稿本藏巴黎法国国家图书馆,通称"巴黎稿本"。坊间所见的《社会契约论》,就是按 1761 年 11 月卢梭交给阿姆斯特丹的书商雷伊的定稿本排印的。

这两个稿本没有什么理论陈述上的重大差别,只是在章次的编排上有几处变动:

(1) 关于主权问题的论述,在初稿本中原列第 1 卷第 4 章,而在定稿本中移到第 2 卷第 1 章。

(2) 定稿本第 4 卷第 8 章《论公民的宗教信仰》,在初稿本中是手写在第 2 卷第 2 章《论立法者》第 46 至 51 页背面的。从《论立法者》末尾几段涉及宗教问题的文字看,在有关宗教和政治关系的论述中,是不可避免地要接着谈论国家的成员——公民的宗教信仰问题的,可是,在卢梭交给雷伊的定稿本中却把它删去了,只是在已经开机印刷之后,才把这部分材料加以修改,加上标题,寄给雷伊,排列在第 4 卷第 8 章。

(3) 两个稿本最大的差别是:初稿本第 1 卷第 2 章《论人类的普遍社会》,在定稿本中被完全删去。研究家认为,被删去的原因是由于这一章的内容让人们一眼就可看出是为批驳狄德罗 1755

---

① 另外在瑞士纳沙泰尔市图书馆还收藏了卢梭手写的十几个与《社会契约论》的论述有关的"片断"。

年发表在《百科全书》第5卷中的《自然权利》[1]而写的。卢梭对狄德罗的观点的批驳，笔调十分辛辣，有些地方甚至近似嘲讽。据卢梭本人后来在《忏悔录》（第9卷）中谈到《社会契约论》的写作经过时说，他在书中“唯一要贯穿始终的，是条分缕析地阐述理论，而不能有任何一点讥刺和偏激的词句”。因此，在《社会契约论》这样一本政论著作中不宜收入一篇笔调辛辣的文字，再加上这一章中的有些论点在他的《论人与人之间不平等的起因和基础》中已经讲过了，因此决定在定稿本中将它删去。不过，这一章中的有些论点，对了解人类政治社会的起源，还是有用的，因此将它译出，作为附录，供读者参考。

四、《爱弥儿》中的《游历》——《社会契约论》的撮要

在卢梭的《爱弥儿》第5卷中，有一大段可以单独成篇的文字，标题《游历》（*Des Voyages*）[2]。这篇《游历》讲的不是游山玩水，不是去参观什么景区或景点，不是我们今天所说的“旅游”。“游历”与“旅游”虽只一字之差，但概念完全不同；概念不同，目的就迥然两样。

---

① 这一章的原标题尤其引人瞩目：《论自然权利和普遍社会》，这显然是在批驳狄德罗。

② 见卢梭：《爱弥儿》，李平沤译，商务印书馆2007年版，下卷，第690—723页。

这篇《游历》的主要内容，大部分摘自《社会契约论》，实际上是《社会契约论》的节略本或通俗本；它讲述的是老师带着他的学生爱弥儿去遍游欧洲，考察各国风土人情的差异和政治制度的良窳。老师告诉爱弥儿："为了观赏一个国家的山川而去游历，和为了研究一个国家的人民而去游历，其间是大有区别的。"卢梭不赞成带着学生"从这个城市跑到那个城市，"他认为，"要真正研究一个民族的天才和风尚，应当到边远的省份，……正如在最大的半径的尖端才能最准确地量出一个弧形的面积一样，我们在边远的省份才最能看出一个政府的好坏。"①

这篇《游历》的文字十分畅晓，析理简明，用一问一答的形式启发人们对许多艰深的政治问题进行深入的思考，对阅读《社会契约论》原书是很有用的。谨向各位读者简介如上。

李平沤

2009年4月

于北京惠新里

① 卢梭：《爱弥儿》，李平沤译，商务印书馆2007年版，下卷，第720页。

目　　录

小　引

这篇简短的论文[①]，是从我以前不自量力而着手撰写，但后来又久已停笔不作的[②]一部内容极为广泛的著作[③]中摘录出来的。就这部著作已经写好的文字中可供采择的各部分而言，以这一部分最为重要，因此，我认为还不是不值得奉献于公众。其余部分，则已不复存在了。

---

① 《社会契约论》这本书，卢梭在好几个地方都称它为一篇“论文”，如 1761 年 12 月 23 日他在给友人罗斯丹的信中说：“在雷伊[④]那里有一篇题名《社会契约论》的论文。这篇论文我迄今对谁也没有讲过。”（《卢梭通信集》，第 7 卷，第 7 页）——译者

② 1762 年 1 月 18 日，卢梭写信给穆尔杜说：“我应当告诉你，我有一本著作送到荷兰去印刷；这本著作的标题是《社会契约论，或政治权利的原理》；它是从一本大部头著作中摘录出来的。这本大部头著作题名《政治制度论》，是我十年前开始写作的，但久已停笔不作了，因为它远远超过了我的能力。”（同上，第 63—64 页）——译者

③ 这部“内容极为广泛的著作”指的就是《政治制度论》。这部著作，是 1743 年卢梭在威尼斯担任法国驻威尼斯共和国使馆秘书时开始思考和撰写的。它的内容的确极为广泛，除《社会契约论》外，“还包括国际法、通商、战争的权利与征服、公法、同盟、谈判和缔结条约，等”涉及各种对外关系的问题。（见卢梭：《社会契约论》，第 4 卷，第 9 章）——译者

④ 雷伊，承印《社会契约论》的阿姆斯特丹的书商。——译者

第 一 卷

我要根据人类的实际情况和法律可能出现的情况进行探讨，看是否能在社会秩序中找到某种合法的和妥当的政府行为的规则。在这项研究工作中，我将尽可能把权利所许可的和利益所要求的结合起来，以便使正义与功利不至于互相分离。

我不打算从阐明我所研究的问题的重要性论起，我要开门见山，一下笔就直接阐明主题。人们也许会问我是不是一位国君或立法者，因此才著书论述政治问题？我回答说：不是；而且，正是因为我这两者都不是，所以我才要谈论政治。如果我是国君或立法者，我就不会浪费时间谈论应当做些什么事了。该做些什么事，我会去做的，否则，我就什么话也不说。

生为一个自由的国家[①]的公民和主权者[②]中的一分子，不论我的声音在公共事务中的影响是多么微弱，但只要我对公共事务有投票的权利，这就足以使我有义务详细研究这方面的问题。我感到高兴的是，每当我对各国政府进行研究的时候，我都能在我的研

---

① 自由的国家，指日内瓦共和国。——译者

② 主权者，指日内瓦的大议会。日内瓦的大议会由全体公民组成，卢梭是日内瓦的一个公民，因此他说他是“主权者中的一分子”，但实际上，日内瓦的大议会只是名义上的国家的主权者，每年只举行一次会议。真正执掌政权的，是由二百人议会推选出来的二十五人组成的小议会。卢梭称这二十五人是“二十五个暴君”。——译者

究工作中发现一些新的理由来热爱我国的政府!

第一章　第一卷的题旨

人生来是自由的[①],但却无处不身戴枷锁。自以为是其他一切的主人的人,反而比其他一切更是奴隶。这个变化是怎样产生的?我不知道。是什么原因使它成为合法的?我相信我能解答这个问题。

如果我只是从强力和由强力产生的后果来考虑问题的话,我认为:当人民被强力迫使服从而服从了,他们做得对;而一当他们能摆脱身上的枷锁便摆脱了,那他们就做得更对。因为他们这样做,是有根有据的:别人根据什么权利剥夺他们的自由,他们也可以运用同样的权利恢复他们的自由,[②]否则,别人当初剥夺他们的自由,就是毫无道理的了。社会秩序是所有其他各种权利赖以保

① 这句话的意思,卢梭在本书第四卷第二章中又再次强调重申,他说:"每一个人生来都是自由的,是他自己的主人,因此,无论何人都不能以任何借口在未得到他本人的同意的情况下就奴役他。"

需要指出的是,在《社会契约论》发表之前,在法国政治思想领域里流行的是君权神授说,博絮埃在他的《从〈圣经〉中摘录的政治理论》中说"人生来都是臣民"。卢梭在这里所说的"人生来是自由的"就是为反驳博絮埃的上述言论而提出的。这一命题,旗帜鲜明,在1789年的法国大革命运动中广为传播,对革命形势的发展起到了很大的宣传鼓动作用。——译者

② 卢梭在《论人与人之间不平等的起因和基础》中说:"以绞死或废黜暴君为结局的暴乱,同暴君当初之利用暴乱屠杀人民和掠夺财物的行为一样,是合法的。暴君的位子靠暴力维持,而要推翻他,也必须同样靠暴力。一切事物都是按照自然的秩序进行的。不论那些短暂的和频频发生的革命的结果如何,谁也不能抱怨说他们不公正;要抱怨,就只能抱怨自己的过错和不幸。"(卢梭:《论人与人之间不平等的起因和基础》,李平沤译,商务印书馆2009年版,第117页)——译者

持的神圣权利。然而,这项权利绝不是来自自然,它是建立在许多约定的基础上的,因此,我们应当知道是哪些约定。不过,在论述这一点以前,我要把我所讲的这番话先解说清楚。

第二章 论原始社会

在所有各种各样的社会中,最古老而又唯一是自然形成的社会,是家庭。孩子只有在他们需要父亲养育他们的时候,才依附他们的父亲,而一旦没有这种需要了,他们之间的自然联系便宣告解体。孩子解除了他们对父亲应有的服从,而父亲也免除了他对孩子应有的关怀,双方都同样进入了独立状态。如果他们还继续联系在一起的话,那就不再是自然的,而是自愿的,这时,家庭本身便只有靠约定来维系。

这种人人都有的自由,产生于人的天性。人的天性的首要法则是保护他自己的生存;他首先关心的,是照护好他自己。一当他到了有理智的年龄,那就只有他本人才能判断应当采用何种方法才最能维护他的存在。从这个时候起,他就成为他自己的主人了。

从以上的叙述来看,我们可以说家庭是政治社会的原始模型。政治社会的首领就好比一个家庭中的父亲,人民好比家中的子女;大家生来都是平等的和自由的,每个人都只有在对自己有利的时候才转让自己的自由。全部区别在于,在家庭中,父亲对子女的爱表现在他对子女的关心,从对子女的关心中得到乐趣;而在国家中,首领对人民没有这种父爱;他所关心的是如何统治人民,他以统治人民为乐。①

格老秀斯②否认世上的一切权力都是为有利于被统治者而设立的;他以奴隶制为例。③ 他最常用的推理方法是以事实来确立权利。* 即使他采用另外一种更为武断的方法,也不见得于暴君有利。

按照格老秀斯的说法,究竟是全人类属于某一百个人,还是这一百个人属于全人类,就值得怀疑了。从他在他的著作中发表的见解来看,他是倾向于赞成前一种看法的;这也是霍布斯④的意见。按照这种看法来办的话,整个人类就会被分成一群一群的牛

① 卢梭早在1755年就批驳了有些学者认为专制政治和整个社会都是由父权派生出来的谬论。他说:"我们用不着去引用洛克和席德尼的相反的论点,只需指出这一点就够了:在世界上再也没有什么东西比父权的温柔与专制主义的暴虐更大相径庭了,因为父权的行使,给服从父权的人带来的好处,比行使父权的人得到的好处大得多。按照自然法,父亲只是在他的孩子需要他帮助的时候,他才是孩子的主人,过了这段期间,他们就是平等的,孩子便完全脱离父亲而独立。他们对于父亲只有尊敬的义务,而没有服从的义务,因为报答父母固然是一种应尽的义务,但不是一种可以强迫索取的权利。我们不仅不能说文明社会是由父权产生的,相反,我们应当说父权的主要力量来源于社会。"(卢梭:《论人与人之间不平等的起因和基础》,李平沤译,商务印书馆2009年版,第106—107页)——译者

② 格老秀斯(1583—1645),荷兰法学家,主要著作有《战争与和平法》(1625)。——译者

③ 卢梭在这里所说的格老秀斯"以奴隶制为例",见格老秀斯的《战争与和平法》卷1第3章中的这段话:"(有人说)一切权力都是为有利于被统治者而设立的;其实并非全都如此,因为有些权力本身就是为了有利于统治者而设立的,例如奴隶主对奴隶的权力就是一例。"——译者

* "许许多多研究公法的巨著,讲的只不过是前人滥用权力的历史。可是人们却偏偏喜欢花许多力气去钻研它们,因此愈研究愈糊涂。"(引自达让松侯爵先生著《论法国与其邻国的利益》)格老秀斯就是这样研究的。——作者

④ 霍布斯(1588—1679),英国政治著述家,其主要著作有《论公民》(1642)和《利维坦》(1651)——译者

羊，每一群牛羊都有它们的首领。首领之所以保护它们，为的是吃他们。

如同牧羊人的资质高于他那一群羊的资质一样，人民的牧放人，即人民的首领，其资质也高于人民的资质。据费龙[①]说，卡里古拉皇帝[②]就是这样推论的。从这个比喻中得出的结论当然是：国王是神，或者说：人民是牲畜。

卡里古拉的这个推论，如今又被霍布斯和格老秀斯捡起来当作他们的理论。在他们之前，亚里士多德也这样说过：人不是天然平等的，有些人生来就是做奴隶的，而另一些人天生就是来统治的。

亚里士多德说得对，不过，他把因果关系弄颠倒了。所有在奴隶制度下出生的人，生来都是奴隶；这是肯定无疑的。奴隶们在枷锁的束缚下，失去了一切，甚至失去了脱离奴隶状态的愿望。如同尤里西斯[③]的伙伴们喜欢他们浑浑噩噩的状态一样[*]，奴隶们也喜欢他们的奴隶状态。可见，如果真有什么天然的奴隶的话，那是因为先有了违反天然的奴隶。强力造出了早先的奴隶，他们的懦弱使他们永远当奴隶。

---

① 费龙(约公元前20—45)，具有犹太血统的希腊哲学家。——译者

② 卡里古拉(12—41)，古罗马皇帝(37—41在位)，是一个以手段残酷著称的暴君。——译者

③ 尤里西斯，希腊神话故事特洛伊战争中一位足智多谋的统帅。据荷马史诗《奥德赛》说，在希腊军队攻陷特洛伊后，尤里西斯于回国途中遇到女妖西尔赛用魔法把他的伙伴们变成了猪，成天浑浑噩噩，只有尤里西斯不受她的魔法的影响，是她无法改变的。——译者

* 见普鲁塔克的一篇短文：《但愿牲畜能运用理性》。——作者

到现在为止，我还没有谈到亚当王[①]，也没有提到挪亚皇；这位挪亚皇是那三个三分天下的大君主的父亲。[②] 人们认为，从他们的做法就可想见当初萨士林的儿子们是如何行事的。[③] 我希望人们感谢我说话这么谦逊，因为，作为这几位君主之一的直系后裔，也许说不定还是嫡长子的后人，如果彻底考证一下我的身份的话，焉知我就不会被发现我是全人类的合法的国王呢？不管怎么说，人们不能不承认亚当曾经是全世界的主权者，因为同鲁滨逊一样，只要鲁滨逊是他那个岛上唯一的居民，他就是那个岛的主人，而且，在他的帝国里还有这样一个好处，那就是：他可以安坐皇位，既不担心发生暴乱，也不担心发生战争或有人搞阴谋。

第三章　论最强者的权利

即使是最强者，如果他不把他的强力转化成权利，把服从转化成义务，他就不可能强到足以永远当主人。最强者的权利就是由此产生的。这种权利，表面上看起来十分可笑，但实际上已经形成为一种原则了。不过，这个词的意思，人们难道不该向我们解释一

---

① 亚当，据《圣经·创世记》说，亚当是上帝创造的世界上的第一个人。——译者

② 挪亚，据《圣经·创世记》记载：世上的洪水泛滥时，挪亚一家进入他按上帝的旨意预先制造的方舟，因此没有被洪水淹灭。后来，他的三个儿子闪、含和雅弗“各随他们的支派立国，洪水以后，他们在地上分为邦国”。（《创世记》第 10 章第 32 节）——译者

③ 这段话，是针对英国人费尔默而发的。这位英国人写了一本标题为《父权政治，或：国王们的天赋权力》（1680）说国王的绝对权力是继承于亚当主宰一切的权威。——译者

下吗？强力是一种物理力量，我不明白它的作用怎么会使人产生道德观念。向强力屈服，是一种必要的行为，而不是一种意志行为，顶多只能是一种明智的行为，它怎么能变成一种义务呢？

姑且假定有这么一种所谓的权利，但我认为其结果必然会产生一大堆难以解释的荒谬的观念，因为，只要权利要靠强力才能取得，则它的后果就会随原因而改变。凡是战胜了前一种强力的强力，就会接收前一种强力的权利。一旦人们可以不受惩罚地不服从，人们就会正大光明地不再服从。尽管最强者总是有理的，他可以采取他认为最有效的办法使自己成为最强者，然而，这种随强力的停止便会消失的权利，算得上是权利吗？如果要施加强力，人们才服从，那么，人们就不是出于义务而服从的了。只要人们不再被强迫服从，他们就没有服从的必要了。可见"权利"一词并没有给强力增添什么有利的理由。它在这一点上，没有任何意义。

你们要服从权威。如果这句话的意思是说屈服于强力，这条诫命当然是说得对，不过是多余的。我敢保证谁也不会违反它。一切权力都来自上帝①；这，我承认。但一切疾病也是来自上帝；难道说病了也不许人去请医生吗？如果一个强盗在森林深处截住了我，我不仅因为受他的强力所迫要交出我的钱包，而且，即使我能把钱包藏起来，我也要出于良心的驱使而必须把钱包交给他吗？因为他手中的那把手枪也是一种权威呀。

① 这句话，是圣保罗说的。他说："在上有权柄的，人人当顺服他，因为没有权柄不是出于上帝的；凡掌权的，都是上帝所命的。"（《圣经·新约全书·罗马书》第13章第1节）卢梭之所以要把这句话提出来加以批驳，是为他在本书第三卷第六章最后一段批评君权神授说的鼓吹者博絮埃作张本。——译者

因此，我们的结论是：强力不构成权利；人们只是对合法的权威才有义务服从。这样一总结，我又回到我开篇提出的那个问题上来了。[①]

第四章 论奴隶制[②]

既然任何一个人对他的同胞都不拥有天然的权威，既然任何强力都不可能产生权利，于是，人与人之间就只有用约定来作一切合法权威的基础了。

格老秀斯说，既然一个人能转让自己的自由，使自己成为某个主人的奴隶，为什么一个国家的人民就不能转让他们的自由，使自己成为某个国王的臣民呢？[③] 在格老秀斯的这段话中，有几个词的意思含糊不清，需要解释一下。不过，我们在这里只解释"转让"这个词的意思。"转让"这个词的意思是送给或卖给他人。不过，一个做他人奴隶的人并不是把自己奉送给他人，而只不过是为了生计而把自己卖给他人。但是，一个国家的人民为什么要售卖他们自己呢？何况一个国家的国王不仅没有为他的

① 指本卷第一章开头所说的："是什么原因使它（权威）成为合法的？"——译者

② 在本卷中，以这一章（第四章）最为重要。从某种程度上看，可以说它是第二卷第二章（《论主权是不可转让的》）的前导。这两章互为补充；两章的中心思想是着重阐明：自由是一种不可转让的权利；一个人不能转让他的自由，同样，一个国家的人民不能转让他们的主权。——译者

③ 格老秀斯的这段话是这样说的："既然按照古希伯来的法律和古罗马的法律，允许一个人愿意当谁的奴隶就当谁的奴隶，那么，为什么一个国家的人民就不能臣服于一个或几个人，把统治自己的权利毫无保留地转让给他们呢？"（格老秀斯：《战争与和平法》，第 1 卷，第 3 章）——译者

臣民提供他们的生活用品，反倒是他自己要从他的臣民那里取得他自己的生活用品。正如拉伯雷[①]所说的：一个国王如果一无所有的话，他也是无法生活的。难道说，人民在奉送他们的人身时，还要以国王攫取他们的财产为条件吗？我看，如果照这个条件办的话，那他们就会一无所剩了。

有人说，专制主能保证他的臣民共享社会太平。即便是这样，但是，如果由于专制主的野心而使他们遭到了战争，如果由于专制主的无限贪欲和他的官吏们的胡作非为，因而使他们遭到的苦难之多更甚于他们的邻里纠纷的话，那么，他们能从这种社会太平中得到什么呢？如果这种太平本身就是他们遭到的灾难之一，这种太平能给他们带来什么好处？监牢里的生活也很平静，能说在监牢里生活是很幸福的吗？被关在西克洛普[②]的洞穴中的希腊人，生活得也很平静，但他们的结局是：一个一个被吃掉。

说一个人可以无偿地把自己奉送给别人，这种说法是很荒谬的和不可思议的；这样一种奉送行为是不合法的，因而是无效的，因为，单单这一行为的本身就足以表明做这种行为的人的理智出了毛病。说全国人民都可这样做，那更是无异于说全国人民都疯狂了，然而疯狂的行为是不能构成权利的。

即使每个人可以转让他自己，但他不能转让他的孩子。孩子们生来也是人，并且是自由的；他们的自由属于他们，除他们本人

---

① 拉伯雷(1494—1553)，法国作家，主要作品有《巨人传》等。——译者

② 西克洛普，希腊神话故事中的独眼巨人。——译者

以外，谁也无权处置。[①] 在他们达到有理智的年龄以前，他们的父亲为了他们的生存和增进他们的幸福，是可以代表他们订一些条约的，但绝对不可以不可挽回地和无条件地把他们奉送给别人。因为这样一种奉送是同大自然的意愿相违背的，而且超过了做父亲的权利。因此，要使一个专制政府成为合法的政府，就必须让每一代人民做主：是承认它还是否认它。这样一来，这个政府也就不成其为专制的了。

放弃自己的自由，就是放弃自己做人的资格[②]，就是放弃做人的权利，甚至就是放弃自己的义务[③]。对于一个放弃一切的人来

---

① “自由是孩子们作为人而得自上天的礼物，所以他们的父母无权剥夺。可见奴隶制的建立是有伤天性的；只有改变了人的天性，才能使奴隶制长久存在。法学家们口口声声说什么奴隶的孩子生下来就是奴隶，其实，他们真正的意思是说人生下来就不是人。”（卢梭：《论人与人之间不平等的起因和基础》，李平沤译，商务印书馆 2009 年版，第 109 页）——译者

② 1755 年卢梭在《论人与人之间不平等的起因和基础》中就忠告过人们：“既然自由是人的财富中最宝贵的财富，那么，为了取媚于一个残暴的或疯狂的主人，就毫无保留地抛弃他们得自上天最宝贵的恩赐，甚至屈从主人的旨意去犯造物主禁止我们去犯的种种罪恶，这岂不是在使人类的天性堕落，把自己完全置于那些受本能支配的禽兽的水平吗？”（卢梭：《论人与人之间不平等的起因和基础》，李平沤译，商务印书馆 2009 年版，第 108 页）——译者

③ 这句话，是对普芬道夫的批评。普芬道夫说：既然一个人可以通过协议或契约把他的财产转让给另一个人，那么，他也可以为了别人的利益把他的自由转让给别人。卢梭认为普芬道夫的这种推论“是大错特错的。因为，第一，我的财产一经转让之后，就变成与我无关的东西，别人如何滥用，与我没有关系，然而，如果别人滥用我的自由，那就与我有关系了，因为我很有可能成为别人犯罪的工具，去干一些使我不能不成为罪人的坏事。此外，财产权是人们协定和制度的产物；一个人可以任意处置他拥有的东西，然而上天给我们的主要礼物，就不能让别人任意处理了，例如生命和自由就是如此。”（同上）——译者

说，是无须给予什么补偿的。这样一种放弃，是同人的天性不相容的。剥夺了一个人行使自己意志的自由，就等于是剥夺了他的行为的道德性；规定一方享有绝对的权威，而另一方无限地服从，这种条约本身就是无效的和自相矛盾的。很显然，对我们有权要求他做一切事的人来说，是无须承担什么义务的。这样一种既不等价又无交换的条件，难道不表明它本身是无效的吗？因为，既然我的奴隶所有的一切都属于我，既然他的权利就是我的权利，他还有什么权利反对我？这样一种我自己反对我自己的权利，岂不是一句毫无意义的空话吗？

格老秀斯和其他一些人说什么战争是这种所谓的奴役权的产生的另一个根源。据他们说，战胜者有处死被战胜者的权利，但被战胜者可以用自己的自由为代价去赎取自己的生命。据说，这种约定不仅对双方都有利，而且更合法得多。

很显然，这种所谓的处死被战胜者的权利，无论从哪方面说，都不是战争状态的结果。因为，生活在原始的独立状态中的人，在他们之间根本没有任何一种关系能持久到足以构成和平状态或战争状态，所以他们绝对不可能成为天然的敌人。酿成战争的，是物的关系，而不是人的关系。既然战争状态不可能产生于单纯的人与人的关系，而只能产于实物的关系，那么，无论是在无任何固定财产的自然状态中，还是在一切都受法律管辖的社会状态中，都不可能发生私人战争或个人对个人的战争。

至于私人之间的斗殴、决斗或冲突，这类行为根本不可能构成什么状态[①]；而由法兰西国王路易第九[②]的诏令允许的，后来又由"上帝的和平通谕"[③]禁止的私人战争，那是由于封建政府的滥用职权造成的。这种荒谬的制度，虽曾一度实行，但那是违反自然权利的原则和良好的政治制度的。

可见战争绝对不是个人与个人的关系，而是国家与国家的关系。在战争中，个人与个人之间也只是偶然成为敌人，而且不是以个人的身份成为敌人，更不是以公民的身份成为敌人，而是以士兵的身份成为敌人[*]；不是作为国家的成员而是作为国家的保卫者而成为敌人。总之，每个国家都只能以另一个国家为敌，而不能以人为敌，因为在不同性质的事物之间，是不能确定任何真正的关系的。

这条原则，同每个时代确立的准则和一切文明民族惯常的做法是相符合的。向某个国家宣战，不仅只是向该国的君主发出通知，而更重要的是告知该国的臣民。凡是外国人，不论他是国王还

---

① "状态"，指战争状态。——译者

② 路易第九(1214—1270)，法国国王(1226—1270在位)。——译者

③ 上帝的和平通谕，是指在中世纪反对封建领主的斗争中，教会为保护非战斗人员而发布的通谕(1616)：无论战争多么激烈，都不得伤害教士、商人、朝圣者和农夫，违者将被逐出教会。——译者

* 罗马人比世界上的任何其他民族都更懂得和更尊重战争的权利；在这一点上，他们是一丝不苟地执行的：任何一个公民，在未明确表明反抗敌人而且指名反抗某个敌人之前，是不允许志愿参军的。小卡图起初在波比里乌斯帐下的一个团队服役，后来那个团队被改编了，因此，老卡图就写信给波比里乌斯说，如果他同意他的儿子继续在他的帐前效力的话，就必须让他的儿子重新履行军人宣誓，因为他上一次的宣誓已经失去效力，他就没有资格拿起武器与敌人作战。老卡图还写信告诉他的儿子：在未做新的宣誓以前，切莫去参加战斗。我知道，人们也许会以克鲁修姆围城战和其他的个别事例来反驳我，但我是根据法律和惯例提出这个看法的。罗马人是最不违反他们的法律的，只有他们才有如此美好的法律。——作者

(这条脚注，是1782年版本根据从纳沙泰尔图书馆收藏的片断增补的。——译者)

是普通人或整个民族，如果未向某个国家的君主宣战便抢劫、杀害或关押该国的臣民，那他就不是敌人，而是强盗；即使在战事进行的时候，一个行事公正的君主也只是攫取敌国属于公共的财产，而对于个人的人身和属于个人的财产还是十分尊重的；他尊重他的权利所依据的那些权利。战争的目的是摧毁敌国，因此战胜国有权处死那个国家的保卫者，只要他们手执武器抵抗。但是，一旦他们放下武器投降，不再当敌人或敌人的工具了，他们便重新成为一般的人了，人们就没有权利伤害他们的生命。有时候人们可以消灭一个国家的政权，但不消灭那个国家的任何一个成员。由此可见，战争不能产生与它的目的无关的权利。格老秀斯不承认这些原则。这些原则不是建立在诗人的权威的基础上的[①]，而是从事物的性质推导出来的，是建立在理性的基础上的。

至于征服权，它所根据的纯粹是最强者的法则。既然战争并未赋予战胜者屠杀战败国人民的权利，则他所不具有的这种权利就不能构成他奴役那个国家的人民的权利的基础。人们只是在无法使敌人成为奴隶的时候，才有权杀死敌人；可见，把敌人转变成奴隶的权利并不来自杀死敌人的权利。既然没有剥夺他人生命的权利，则强要他人以他的自由为代价赎买他的生命，就是一种极不

① 卢梭有时候把格老秀斯和霍布斯相比较；他在《爱弥儿》中说："我认为，根据大家一方面把格老秀斯捧上了天，另一方面把霍布斯骂得狗血喷头的情况看，正好证明根本就没有几个明理的人读过了或理解了这两个人的著作。事实是，他们两个人的理论完全是一模一样的，只不过两人使用的词句不同罢了。他们论述的方法也是有所不同的。霍布斯是采取诡辩的方法，而格老秀斯则采取诗人的方法，其他的一切，就完全是一样的了。"（卢梭：《爱弥儿》，李平沤译，商务印书馆 2007 年版，第 703—704 页）——译者

公平的交易。根据奴役权来确定生杀权，又根据生杀权来确定奴役权，这样做法，难道不显然是陷入一种恶性循环吗？

即使征服者有这种可以任意屠杀的可怕的权利，但我也认为一个由战争造成的奴隶或一个被征服的民族，除了被强迫服从以外，对其主人便无其他的义务。征服者既然取得了奴隶的生命的等价物，这就意味着征服者并没有对奴隶给予任何恩惠：他只不过是不在无利可图的时候杀死奴隶，而要等到有好处可得的时候才杀之。可见，除了强力以外，征服者对奴隶并没有更多的权威，他们之间的战争状态依然像从前那样存在；他们之间的关系就是这种状态的结果。战争权的使用，就意味着他们之间不存在和平条约。有人说他们之间有一个约定；我认为，即使有，但这个约定不但不表明战争状态已经消除，反而表明战争状态还继续存在。

由此可见，无论从哪方面来观察这个问题，都可看出奴役权是根本不存在的。这不仅是因为它不合法，而且是因为它是荒谬的和毫无道理的。“奴役”和“权利”这两个词的意思是互相矛盾的和互相排斥的。无论是一个人对另一个人还是一个人对一个国家的人民，以下这种说法都是很荒唐的：“*我同你订一个一切义务全由你承担，而一切好处全归我所有的约定，我高兴遵守才遵守；而在我高兴的时候，你便必须遵守。*”①

① 着重号是原有的。早在1755年卢梭就曾经这样说过：“如果我们继续这样根据权利来论证事实，我们就会发现：所谓专制制度的建立是出于人民的自愿，这种说法是缺乏坚实的理由的，也是不符合实际情况的。如果一项契约只约束一方，一切义务由一方负担，而另一方毫无义务，从而使负担义务的一方完全处于不利的地位，那么，要论证这样一项契约的有效性，也是很困难的。”（卢梭：《论人与人之间不平等的起因和基础》，李平沤译，商务印书馆2009年版，第107页）——译者

第五章 论总需追溯到一个原始的约定

即使我对我在前面批驳的那些观点完全表示赞同，君主专制论的鼓吹者们也不可能从中捞到什么救命稻草。压制一群人和治理一个社会，其间是有巨大的差别的。分散的人们即使一个又一个地受某一个人奴役。不论他们的人数是多少，我也只把他们看作是一个主人和一群奴隶，而不把他们看作是一个国家的人民和他们的首领。我认为他们只不过是聚合在一起，而不是结合在一起[①]；他们之间没有共同的利益，也不构成一个政治体。这个人即使奴役了半个世界的人，他也仍然是一个普通人，他的利益同其他人的利益毫无关系，因此只能是他个人的利益。如果这个人死了，他的帝国在他死后便分崩离析，立刻瓦解，同一棵被人放火烧了的橡树化成一堆灰烬一样。

格老秀斯说：人民可以把自己奉献给一位国王[②]。照格老秀斯的这个说法来看，人民在把自己奉献给国王之前就已经是一个国家的人民了。这种奉献，其本身是一种政治行为，它包含有一种公众的意愿，因此，在分析人民在选举国王方面所做的这种行为之前，最好是先研究一下人民是采用何种行为而使自己成为人民的，

① “把人聚合在一起的方法有千百种，但把人结合在一起的方法却只有一种。因此，我在本书中只提出一种方法作为构成政治社会的方法。尽管现今以这种名称存在的团体有许许多多，但没有任何两个团体是按同样的方法形成的，也没有任何一个团体是按我说的方法结合的。”（卢梭：《社会契约论》初稿本（1760），第1卷，第5章）——译者

② 参见本书第9页脚注③——译者

因为只有这种必须先于另一行为的行为才能构成社会的真正基础。

事实上,如果没有事先约定的话,除非选举的结果是全体一致的,否则,少数人何以必须服从多数人的选择呢?那一百个选某人为首领的人凭什么权利替那十个不选那位首领的人投票呢?少数服从多数这个法则,其本身就是一种约定,表明至少有一次是全体一致的。

第六章　论社会公约

我认为人类曾经达到过这样一种境地:在自然状态下危及他们的生存的障碍之大,已经超过了每一个人为了在这种状态下继续生存所能运用的力量,因此,这种原始状态已不可能再继续存在。人类如果不改变其生存方式,就会灭亡。

然而,由于人类不可能产生新的力量,而只能联起手来使用现有的力量,因此,除了把大家的力量集合起来形成一股力量,在一个动机的推动下,一致行动,才能战胜阻力,否则,人类就不可能继续存在。

这股大力量,只有靠许多人的共同协作才能形成。但是,由于每个人的力量和自由是他保持自己的生存的主要手段,因此,要怎样做,才能既把它们投入众人集合的大力量而又不损害自己而且不忽视对自己应有的关怀呢?对于这一难题,根据我在本书阐述的原理,我的解决办法可以用下面这段话来表述:

“创建一种能以全部共同的力量来维护和保障每个结合者的

人身和财产的结合形式，使每一个在这种结合形式下与全体相联合的人所服从的只不过是他本人，而且同以往一样的自由。”社会契约所要解决的，就是这个根本问题。

这个契约的条款，由于它本身的性质，是规定得如此明确，所以，只要稍微有一点儿改变，就会使它变为一纸空文，不起作用。尽管这些条款从未被人正式公布过，但它们在所有地方都是一样的，在所有地方都为人所默认和公认。社会公约一旦被破坏，每个人便立刻恢复了他原来的权利；只要一失去约定的自由，他就可以收回他早先为了得到约定的自由而放弃的天然的自由。

这些明白无误的条款，可以归结为这么一句话：每个结合者以及他所有的一切权利已全都转让给整个集体了。因为，首先，既然每个人都把自己奉献给集体，可见这个条件对大家都是同等的。既然条件对大家都是同等的，那么，就不会有人愿意使它不利于别人。

其次，由于转让是毫无保留的，因此联合体就必然是尽可能完美的；每一个结合者就不会有什么额外的要求，否则，如果个人还保留有某些权利，如果在个人与公众之间没有一个能做出裁决的共同上级，如果每个人在某些事情上由他自己裁判。那他很快就会事事都由自己做主，这样一来，自然状态就会继续存在，而结合就一定会变成暴虐的或空有其名的。

最后，由于每个人都是把自己奉献给全体而不是奉献给任何一个个人，由于每个人都能从其他结合者那里得到与他转让的权利相同的权利，所以每个人都得到了他失去的东西的等价物，并获得了更多的保护其所有物的力量。

这样一来，如果我们把社会公约中非本质的东西都排除掉，社会公约就可简化成如下的词句：我们每一个人都把我们自身和我们的全部力量置于公意的最高指导之下，而且把共同体中的每个成员都接纳为全体不可分割的一部分。[①]

按照上面的词句来看，每个缔约者立刻就不再是单个的个人了；这一结合行为立刻就产生了一个在全体会议上有多少成员就有多少张票的有道德的共同体。通过这一行为，这个有道德的共同体便有了它的统一性，并形成了共同的“我”，有它自己的生命和意志。这样一个由全体个人联合起来形成的公共人格，以前称为“城邦”*，现在称为“共和国”或“政治体”。当它是被动时，它的成员称它为“国家”；当它是主动时，则称它为“主权者”；把它和它的同类相比较时，则称它为“政权”；至于结合者，总起来就称为“人

---

① 着重号是原有的。——译者

* 这个词的真正意思，在现代人中几乎已完全消失；大多数人都把一个城市看作一个城邦，把一个市民看作公民。他们不知道城市是由家庭构成的，而城邦是由公民构成的。这一错误，曾经使迦太基人付出了很大的代价。我在任何一本书中都没有看到有谁把“公民”这个称号给予任何一个君主的臣民，即使是从前的马其顿人和今天的英国人都没有用过这个称号，尽管他们比所有其他国家的人都享有更多的自由。只有法国人随便乱用“公民”这个词，因为，从他们的字典中就可看出，他们根本就不明白这个词的真正意思。要是他们真的知道这个词的意思而使用这个词的话，他们就会犯大逆不道的谋叛君主罪。在法国人那里，这个词的意思是表示一种德行而不是一种权利。博丹[②]在论述我们的公民和市民时，就把这个词当作另一个词来使用，因而犯了一个大错误。达朗贝尔先生就没有犯这个错误；他在他写的《日内瓦》这个词条里就非常清楚地区分了我们城市中的四等人（如果把普通的外国人也包括在内的话，是五等人），而构成那个共和国的，只是其中的两等人。就我所知，还没有另外一个法国作家了解“公民”这个词的真正的意思。——作者

② 博丹(1530—1596)，法国政治著述家，著有《六论共和国》(1576)，对绝对君主专制制度大唱赞歌。——译者

民”；作为主权的参与者，则每个人都称为“公民”；作为国家的法律的服从者，则称为“臣民”。不过，这几个名词经常混淆，互相通用，只要我们严格按照它们的意义使用，知道加以区分就行了。

第七章 论主权者

从前面那段表述[①]就可看出：结合的行为包含有一个公众与个人之间的相互约定；每一个个人在可以说是与他自己订约时，便有了双重身份，即：对个人来说，他是主权者的一个成员；而对于主权者来说，他又是国家的一个成员。但在这里却不适用民法中的这条准则，即任何人都可以不遵守他与他自己订的规约，因为个人同他自己订约，与个人同全体（个人只不过是全体中的一部分）订约，其间是有很大的区别的。

还需指出的是，尽管公众的决定可以使所有的人服从主权者，但由于每个人都要受两个不同的关系的制约，所以不能以相反的理由要求主权者约束其自身。因为，要求主权者给自己制定一条他不能违背的法律，那是违背政治体的本性的。既然只能按照唯一的同一种关系来考虑自己，可见每个个人都是在同他自己订约，因此，没有而且也不可能有任何一种约束人民共同体的基本法律，即使是社会契约，也不能。这并不是说，这个共同体在不损害这一契约的条件下不能与外人订约，因为对外人而言，它是一个单一

① 指第六章中对社会公约的那段表述。——译者

体,一个个体。

不过,由于政治体即主权者完全是凭借契约的神圣性而存在的,所以自己便绝对不能做任何有损于这一原始契约的事,即使对外人,也不能做,例如转让他自己的某一部分或者受制于另一个主权者。破坏了他赖以存在的契约,就等于是消灭他自己;自己不存在了,那就什么事情也不能做了。

人们一旦结合成了一个共同体,则侵犯其中的任何一个成员,就不能不伤害整个共同体;而且,只要稍微对政治体有一点侵犯,就更不能不使它的成员感到这一侵犯行为对他们的影响。因此,义务和利益使缔约的双方都要互相帮助,要想方设法在这种双重关系下把所有一切从这种关系中产生的利益结合在一起。

而且,主权者既然是由构成主权者的各个人组成的,所以主权者就没有而且也不可能有与他们的利益相反的利益,因此主权权力没有必要向其臣民提供什么保证,因为政治体存心伤害其成员的情况是不可能发生的,我们在后面还要谈到它也不可能伤害任何一个个人。主权者正是由于他是主权者,所以他该怎样行事,他便会永远都那样行事。

不过,臣民对于主权者就不是这样了。尽管有共同的利益,但是,如果主权者没有确保其获得臣民的忠诚的办法,那他也就没有办法能使臣民保证履行他们的承诺。

事实上,作为个人来说,每一个人都有一种与他作为公民的公意相反的或不相同的个别意志。他的个人利益对他的行为产生的影响与共同利益对他的行为产生的影响完全不同。他那绝对的和天然独立的存在，将使他把他对于共同事业所做的一切都看作是一种无偿的贡献；不做这种贡献而给别人造成的损失将少于因做这种贡献而给他自己造成的负担。他将把那种构成国家的道德人格，因为它不是一个个人，便只把它看作是一个理性的存在；因此，他就只想享受公民的权利而不愿意尽臣民的义务。这种不公正的做法长此下去，必将使政治共同体遭到毁灭。

为了使这项社会契约不致成为一纸空文，它就不言而喻地包含有这样一个约定，即：只有它才能使其他约定具有效力；谁拒不服从公意，整个共同体就要强迫他服从公意，这就是说人们要迫使他自由①，因为这是保证每个公民只依附于祖国而不依附其他人的条件②。有了这个条件，才能使政治机器有力地运作起来；只有这个条件才能使社会约定成为合法的。没有这一条件，任何社会

---

① “人们要迫使他自由”，意为迫使他服从法律。因为，正如卢梭在本卷第八章所说的：“服从人们为自己所制定的法律，才能自由。”——译者

② 卢梭在《社会契约论》中要达到的目的之一，就是要保障每个公民不受人身依附之苦，不让一个人受另一个人的意志的支配，不论另一个人是什么英明如神的伟大人物。因为，正如他在《论人与人之间不平等的起因和基础》中所说的：“在人与人的关系中，最糟糕不过的是让自己听任别人的任意摆布。”卢梭希望的是：一切人都只服从法律而不服从任何个人。关于这一点，他在1762年《社会契约论》问世的同时出版的《爱弥儿》中有如下一段精辟的论述：“有两种隶属：物的隶属，这是属于自然的；人的隶属，这是属于社会的。物的隶属不含有善恶的因素，因此不损害自由，不产生罪恶，而人的隶属则非常紊乱，因此罪恶丛生。正是由于这种隶属，才使主人和奴隶都互相败坏了。如果说有什么方法可以医治社会中的这个弊病的话，那就是要用法律来代替人，要用那高于任何个别意志行动的真正力量来武装公意。如果国家的法律也像自然规律那样不稍变易，不为任何人的力量所左右，则人的隶属又可以变成物的隶属，我们在国家中就可以把所有的自然状态和社会状态的好处统一起来，就可把使人免于罪恶的自由和培养节操的道德结合在一起。”（卢梭：《爱弥儿》，李平沤译，商务印书馆2007年版，上卷，第82—83页）——译者

约定都将是荒谬的，暴政的，而且会遭到严重的滥用。

第八章 论社会状态

人类从自然状态一进入社会状态，他们便发生了一种巨大的变化：在他们的行为中，正义代替了本能，从而使他们的行为具有了他们此前所没有的道德性；只是在义务的呼声代替了生理的冲动和权利代替了贪欲的时候，此前只关心他自己的人才发现他今后不能不按照其他的原则行事，即：在听从他的天性驱使前先要问一问他的理性。尽管在这种状态中他失去了他从自然界中得到的一些好处，但他也得到了许多巨大的收获：他的能力得到了锻炼和发展，他的眼界开阔了，他的感情高尚了，他的整个心灵提升到了如此之高的程度，以致，如果不是由于滥用这种新的状态，因而使他往往堕落到比他原先的状态还糟的地步的话，他将无限感激使他进入社会状态的那一幸福的时刻的，因为正是从这个时刻起，他从一个愚昧的和能力有限的动物变成了一个聪明的生物，变成了一个人。

现在让我们把人类的收获和损失中的容易比较的东西列举如下，看一看他们的所得和所失。人类由于社会契约而损失的，是他们的天然的自由和他们企图取得和能够取得的一切东西的无限权利；而他们得到的，是社会的自由和他们对他们拥有的一切东西的所有权。为了不至于对以上开列的收支项目发生误解，就必须把以个人体力为界限的天然的自由和受公意限制的社会的自由加以区别，把依靠个人强力或最先占有权而拥有的财产权和根据正式的身份而拥有的财产权加以区别。

除以上所说的以外，还应当在收获中加上得自社会状态的道德的自由；只有这种自由才能使人真正成为他自己的主人，因为，单有贪欲的冲动，那是奴隶的表现，服从人们为自己所制定的法律，才能自由。不过，在这一点上，我已经讲得太多了，何况“自由”这个词的哲学意思，在这里不属于本书讨论的范围。

第九章 论财产权[①]

共同体的每一个成员，在共同体形成的那一刹那间便把他当时所有的一切——他本人和他所有的力量(他的财产是其中的一部分)——都交给共同体了。不过，这并不是说，由于这一行为，在转手的时候所有权便改变了性质而成为主权者手中的财产了。但是，由于城邦的力量无可比拟地大于个人的力量，所以公共的所有权虽然不是更合法(至少对外邦人来说是如此)但实际上比个人的所有权更强大和更不可变更，因为，根据社会契约(在一个国家中，它是一切权利的基础)对一个国家的成员来说，国家是他们的一切财产的主人；但对于其他国家而言，国家

① 人类进入社会状态后，财产观念必将产生，这是人类思想发展过程中必然出现的问题。卢梭在他的《爱弥儿》中主张，应当使孩子从小就获得这个观念。用什么办法使孩子获得这种观念呢？是直接灌输，教他长大以后如何聚敛钱财吗？不是，恰恰相反，卢梭采取的办法是从“追溯财产的起源开始，”使孩子通过劳动，对财产，特别是对土地占有权有一个正确的认识。书中关于种蚕豆的对话很有趣，用天真平凡的语言阐明了复杂的经济学问题。(参见卢梭：《爱弥儿》，李平沤译，商务印书馆 2007 年版，上卷，第 104—106 页)——译者

便只能根据它得自个人的最先占有权，才能成为财富的主人。

最先占有者的权利，虽然比最强者的权利更为真实，但也只能在财产权确立之后才能成为一种真正的权利。每一个人都天然有权获得为他所需要的一切东西；但是，这一使他成为某些财富的主人的积极行为，便排除了他成为其他财富的主人的权利。他一旦取得了他所需要的那一份，他就要以此为限，就不应当对共同体要求更多的权利。这就是为什么最先占有者的权利在自然状态下是那样的脆弱，但却为处于社会状态中的人所尊重的原因。在行使这一权利时，人们对属于他人所有的东西的尊重程度，是不如对不属于自己所有的东西的尊重的。

一般地说，要认可最先占有者占有某块土地的权利，就必须符合这样几个条件：首先，这块土地尚无人居住；其次，他只能占有为了维持他的生活所需要的数量；第三，对于这块土地的占有，不能单凭某种表面的仪式，而要凭他的劳作与耕耘——在缺乏法律观念的情况下，这两项是财产权受到他人尊重的唯一标志。

事实上，把最先占有权按需要和劳动而给予，这难道不意味着将把它尽可能扩大吗？难道不能对这种权利加以限制吗？只要把脚一踏上某块公有的土地上，就能宣称自己是那块土地的主人吗？难道凭强力把别人从一块土地上一时赶走，就永远剥夺了别人回来的权利吗？一个人或一个民族如果不是用该受惩罚的篡夺手段夺取了大自然给予其他人的居住地和食物，又怎能占有人类的一大块土地呢？努涅斯·巴尔博亚[①]以卡斯提国王的名义站在海边上一宣布占有了南太平洋和整个南美洲，就能剥夺那里所有居民的土地，并把世界上其他国家的君主都排斥在外吗？这种毫无法律效力的仪式，如果越来越多地进行的话，那位信奉天主教的国王[②]坐在他的宝座上只要一挥手，就可以占领整个世界，尽管在他的帝国的版图中有些地方以前是早已由其他君主占领了的。

人们可以想象得到个人所有的一块一块联结在一起的土地是怎样变成公共的土地的，可以想象得到主权权利的行使只要从臣民本身扩展到他们所占有的土地，就会变成既是对物的又是对人的权利，从而使土地的占有者陷入更加依附的地位，并使他们的力量本身转变成使他们效忠的保证。这种便宜，古代的君主们似乎并未充分觉察到，因此，他们只把自己称为波斯人的王、塞族人的王或马其顿人的王，只把自己看作是人的首领而不看作是国土的主人。今天的君主们就很聪明了，他们把自己称为法兰西国王、西班牙国王、英格兰国王，等等。这样，他们既占有了土地，而且还更加可靠地把土地上的居民变为他们的臣民。

在这一转让行为中，奇特之处在于：共同体在接受个人的财富时，不仅没有真正剥夺个人的财富，反而保证了个人对财富的合法拥有，把占有转化为一种真正的权利，把对财富的享用转化为对财富的所有权。这时候，财富的拥有者将被看作是公共财富的保管

① 努涅斯·巴尔博亚（1475—1517），西班牙航海家，1513年发现南美洲和南太平洋，即宣布它们为西班牙的领土和领海。——译者

② 指前面所说的卡斯提国王。——译者

者,他们的权利将受到国家所有成员的尊重,以国家的全部力量保证它不受外邦人的侵犯。这种转让对公众有利,对他们自己更为有利,可以说他们得到了他们所献出的一切。这是一个"悖论",但只要明白了主权者和所有者对同一块土地的权利是有区别的,这个悖论就不难理解了。这一点,我们在后文还要谈到[①]。

也可能出现这种情形:人们在未占有任何土地之前就开始结合,然后去占有一块足以供大家之用的土地,大家共同享有,或者同等地平分,或者按主权者规定的比例来分。这种占有,不论是用什么方式取得的,每一个个人对他的土地的权利都应从属于共同体对大家的土地的权利。没有这一条,社会联系就不可能巩固,主权的运用就没有真正的力量。

现在让我用这样一句足以构成一切社会制度的基础的话来结束本章和本卷:"基本公约不仅没有摧毁自然的平等,反而以道德的和法律的平等来代替自然所造成人与人之间的身体上的不平等[②],因而,虽然人与人之间在体力和智力上不相等,但由于公

① 见第二卷第四章。——译者

② "我认为人类当中存在着两种不平等,其中一种,我称之为自然的或生理上的不平等,因为它是由自然确定的,是由于年龄、健康状况、体力、智力或心灵的素质的差异而产生的。另外一种,可以称为精神上的或政治上的不平等,因为它的产生有赖于某种习俗,是经过人们的同意或至少是经过人们的认可而产生的。这种不平等,表现在某些人必须损害他人才能享受到的种种特权,例如比他人更富有,更尊荣,更有权势,或者至少能让他人服从自己。"(卢梭:《论人与人之间不平等的起因和基础》,李平沤译,商务印书馆 2009 年版,第 45 页)——译者

约和权利的保证,他们人人都是平等的。”*

---

* 在坏政府治理下,这种平等只是表面的和徒具形式的,只能使穷人永远陷于贫困,使富人不断夺取财富。事实上,法律总是有利于拥有财富的人而不利于一无所有的人①。由此可见,只有在人人都有一些东西,而又没有任何一个人拥有太多的东西的时候,社会状态才对大家有利。——作者

① 卢梭在他的《爱弥儿》中也表述了同样的见解。他说:“所有一切国家的法律的普遍精神,都是袒护强者,欺凌弱者;袒护富人,欺凌穷人。这个缺点是不可避免的,而且是没有例外的。”(卢梭:《爱弥儿》,李平沤译,商务印书馆 2009 年版,上卷,第 328 页)“这个缺点是不可避免的,”这个话说得多么沉痛!连神圣的法律都如此无奈,这难道不是可悲的吗?当今世界各国的议会和司法界与学术界的人们能不能特别关注一下这个问题,找到一个解决的办法呢?——译者

第　二　卷

第一章　论主权是不可转让的

从前面确立的原则所产生的第一个也是最重要的一个结果是：只有公意才能按照国家成立的目的即共同的福祉来指导国家的各种力量，因为，虽说由于个人利益的冲突使社会的建立成为必需，但只有靠这些个人的利益达成一致，才使社会的建立成为可能。正是由于这些不同的利益有共同的地方，所以社会联系才得以形成；如果不同的利益不在某一点上达成一致的话；任何社会都不可能存在。因此，社会应当独一无二地按照这个共同的利益来治理。

因此我认为：既然主权是公意的运用，那它就永远是不可转让的；主权者既然是一个集体的存在，那就只有它自己能代表它自己。权力可以委托他人行使，但意志不能听任他人支配。

事实上，虽说个别意志在某一点上与公意相一致并不是不可能的，但这种一致至少是不能持久的和不能经常的，因为个别意志由于其本性而总是倾向于偏私，而公意总是倾向于平等。若想使这种一致有保证，那就更不可能了；即使可能，那也不是由于人的安排，而是偶然产生的结果。主权者可以说："我的意图正是某某人的意图或至少也是他说他希望如此。"但主权者不能说："这个人明天想做的事,我也想做。”因为,要求意志为了未来而约束自己,那是很荒谬的;不能靠他人的意志许诺不做与某人的幸福相冲突的事。因此,如果人民只一味诺诺连声地服从,人民本身就会由于这一行为而解体,从而丧失其人民的品质①;只要主权者之上出现了一个主人,主权者就不再存在,这个政治体就被完全摧毁了。

这并不是说首领的号令在主权者可以自由地反对而没有反对的情况下,也不能被看作是公意。在这种情况下,普遍的沉默,就可以被看作是人民同意了。这一点,我们以后将详加解释。

第二章 论主权是不可分割的

主权既然是不可转让的,同理,主权也是不可分割的,因为意志要么是公意*,要么不是;它要么是整个人民的意志,要么只是一部分人的意志。在前一种情况下,这种意志的宣告是一种主权行为,可以形成法律;在后一种情况下,它只不过是一种个别意志或者是一种行政部门的行为,顶多只能算作一种命令。

然而,我们的政论家们由于他们不能在理论上分割主权,就在主权的行使方面分割主权。他们把它分成强力和意志,分成立法权和行政权,分成税收权、司法权、战争权、内政权和外交权。他们有时候把这些权力混为一谈,有时候又把它们区分开;他们把主权

① 读到这里,使人回想起卢梭在第一卷第四章中所说的“放弃自己的自由,就是放弃自己做人的资格”。——译者

* 一种意志要成为公意,并不总是需要全体一致,但对所有的票数都要加以计算,把任何一票排斥在外,就会破坏它的概括性。——作者

者弄成一个由许多碎块拼凑而成的怪物，如同把几个人的肢体拼凑成一个人似的：把其中一个人的眼睛，另一个人的胳臂和另一个人的脚拼凑起来就行了。据说，日本的江湖艺人能当着观众的面把一个小孩剁成碎块，然后把碎块抛到空中，接着又从空中掉下一个完整的活生生的孩子。我们的政论家玩的就是这套把戏，用只能在乡村集市上玩的把戏把一个社会共同体加以肢解，然后不知他们又用什么办法把它们拼凑起来。

这个错误的产生，是由于对“主权”一词的含义缺乏正确的理解，是由于把主权派生的东西理解为主权的组成部分，因此，举例来说，就是把宣战权与媾和权说成是主权行为。其实不是；因为这两种行为中，没有一种是法律，而只是法律的运用，是确定法律事件的行为。这一点，只要我们把“法律”一词的意思解释清楚了，就可以看出来。

同样，在其他的分类方面，我们发现，每当人们认为主权是分立的，他们就会犯错误。他们认为是主权各个部分的那些权利，其实是隶属于主权的，永远受至高无上的意志的支配；那些权利，只不过是最高意志的行使而已。

由于对这些概念缺乏确切的了解，有一些研究政治权利的作家在判断国王和人民的权利时便按照他们陈述的理论含糊其辞地下论断，大家从格老秀斯的著作[①]第 1 卷第 3 章和第 4 章中就可看出这位大学问家和他的译者巴贝拉克简直是在胡乱推理，一个劲儿地诡辩。他们时而担心把话说得太多，时而又担心把话

① 指格老秀斯的《战争与和平法》。——译者

说得太少，生怕损害了他们想加以调和的利益。格老秀斯不满意自己的祖国，逃亡到法国，一心想讨好路易十三；他的书就是献给路易十三的。他千方百计剥夺人民的权利，一心想把人民的一切权利都奉献给国王。他的做法正合巴贝拉克的心意：巴贝拉克把自己的译本献给英王乔治一世，然而不幸的是雅克二世[①]被赶下了台（他称之为“逊位”），因此，他不得不小心，不得不含糊其辞把话说得模棱两可，以免把威廉说成是一个篡位者。如果这两位作家都采用了正确的原则，一切难题便都迎刃而解，他们就会旗帜鲜明地表述他们的论断了。然而，要是他们真的说出真理，讨好人民，他们可就要大倒其霉了，因为真理是不会使他们走运的，人民是无权派谁去当大使或当教授或领一份年金的。

第三章　论公意是否会出错误

从以上的叙述可以看出公意始终是公正的，永远以公共的福祉为宗旨，但不能因此就得出结论说人民的意见也永远是公正的。每个人都希望得到幸福，但总是不知道如何得到幸福。人民永远不会被败坏，但人民往往会受欺骗。正是由于这个缘故，人民看起来才好像是愿意把不好的东西当作好的东西来接受。

众意和公意之间往往是有很大的差别的；公意只考虑共同的

① 雅克二世，即英王詹姆士二世（1685—1688 年在位），因改宗天主教并过分地亲近法王路易十四，遭到英国人民和英国国会的不满，被国会废黜，逃到法国；1688 年英国国会迎其女婿——信奉新教的威廉第三为英国国王。——译者

利益，而众意考虑的则是个人的利益；它是个别意志的总和。但是，从众意中除去互相抵消的最多数和最少数以后*，则剩下的差数仍然是公意。

当人民在充分了解情况的前提下进行讨论时，公民之间就不会互相勾结，即使有许许多多小分歧，那也会产生公意的，而且讨论的结果也总是好的。但是，如果有人玩弄阴谋，形成了牺牲大众利益的小集团，则每一个这种集团的意志对其成员来说就成了公意，而对国家来说就成了个别意志，这时候，我们可以说，就不再是有多少人就投多少票，而只能是有多少小集团就投多少票了。分歧固然是减少了，但结果却不是公意了。而且，只要这些小集团中有一个是强大到胜过所有的其他小集团，则你所得到的结果就不是小分歧的总和，而是一个唯一的分歧；这样一来，公意没有了，占上风的意见，是个别意见。

因此，为了使公意能更好地得到表达，就不能允许国家之中存在小集团，并让每个公民按照他自己的想法表达他自己的意见**。伟大的莱格古士③的独特的和良好的办法就是如此。如果已经出

* 达让松侯爵说："每一种利益都有不同的原则；两种个别利益的一致，是由于与第三种利益相对立而形成的。"达让松还说：大家的利益的一致，是由于与每个人的利益相对立而形成的。如果完全不存在不同利益的话，也就很难感觉到那种毫无任何障碍的共同的利益了。要是这样的话，一切都将自动进行。而政治也就不成其为一种艺术了。——作者

** 马基雅维里说："事实上，既有对共和国有害的人群，也有对共和国有利的人群。有害于共和国的，是那些拉帮结派的人群；有利于共和国的，是那些不结成帮派的人群。虽然共和国的缔造者不能避免国中出现纷争，但他至少应当明令禁止人们朋比为奸占山头。"（《佛罗伦萨史》，第 7 卷）——作者

③ 莱格古士，传说中的斯巴达国王；他采取土地均分的办法来消除财富的不平等。——译者

现了小集团,那就使小集团的数目得到增加,以防止他们之间不平等;梭伦[①]、努玛[②]和塞尔维乌斯[③]就是这样做的。这些防范的措施,是使公意能够永远充分展示并使人民不犯错误的唯一好办法。

第四章　论主权权力的界限

既然国家或城邦只不过是一个道德人格,它的生命在于它的成员的结合,而它最重要的关怀是它自己的存在,那么,它就需要有一种普遍的强制力,以便按照最有利于全体的方式来推动和支配各个部分。如同大自然使每一个人都对他的四肢拥有绝对地运用的权力一样,社会公约也使政治体对自己的成员拥有一种绝对的支配的权力。正如我已经说过的,这种权力,当它受公意的指导时,便称为"主权"。

除了公共人格之外,我们还要注意到那些组成公共人格的个人:每个人的生命和自由是天然独立于公共人格之外的。因此,必须对公民和主权者各自的权利有一个明确的区分*,对前者以臣民的资格应尽的义务和以人的资格应享有的自然权利有一个明确的区分。

---

① 梭伦(约公元前640—前558),古希腊的立法者;他把公民按他们的财富的多寡,分成四个等级。——译者

② 努玛,传说中的罗马国王;他按公民各自的职业将他们分成许多小团体。——译者

③ 塞尔维乌斯,传说中的罗马国王;他把罗马城中的居民编成许许多多"百人团"。——译者

* 各位细心的读者,请你们不要急于责备我在这里自相矛盾。由于语言的贫乏,我在用词方面未能避免这个矛盾。请稍等待。——作者

大家应当知道，由于社会公约，每个人从他的权利、财富和自由中转让出来的，只是其用途对共同体是至关重要的那一部分；因此，大家同样应当知道的是：只有主权者能判断哪些事情是至关重要的。

一个公民能对国家提供的各种服务，只要主权者一提出要求，他就应当立刻照办；但主权者绝对不能对臣民施加对共同体没有用处的约束，它甚至连想都不敢想，因为按理性的法则，没有理由的事，就不能做；按照自然的法则，同样是不能做的。

把我们与社会体联系在一起的那些约定之所以是必须履行的，完全是由于它们是相互关联的，是由它们的性质所决定的：一个人在履行这种约定时，就不可能不是在为他人效力的同时也是在为自己效力。如果不是因为大家都把“每个人”这个词理解为他自己，都想到为大家投票也就是在为自己投票，公意又怎么会总是公正的，而且大家又怎么会都希望他们当中的每一个人都幸福呢？这就证明权利平等和它们所产生的正义观念是由于每个人的偏私所产生的，因而也是由于人的天性所产生的；这也证明了公意要真正成为公意，就应当在它的目的和本质上是公正的：它必须来自全体，才能适用于全体。如果它倾向于某个个别的和特定的目的的话，它就会失去它天然的公正性，因为这时候我们是根据一些与我们无关的事情来进行判断的，因而便没有真正的公平原则来指导我们。

事实上，一项个别的事情或个别的权利，只要在某一点上未被事先的公约所规定，就会引起争议。在这场争议里，有关的个人为一方，而公众则为另一方，但我在这里既不知道它应当遵循什么法律，也不知道该由哪位法官来判决。这时候，如果把它提交给公意去表决的话，那是很可笑的，因为公意只能是一方的结论；这种结论，对另一方来说则是一种外来的和个别的意志，因而将造成不公平，而且容易犯错误。另外，正如个别意志不能代表公意一样，公意一有了个别目的，它就会改变它的性质，就不能再作为公意对某个人或某件事情做出判决。例如，当雅典的人民任命或罢免他们的首领，或者对某人授予荣誉或对另一人进行惩罚，如果他们不加区别地用许许多多个别的法令来做应该由政府来做的事，这时候，人民就不再有真正意义的公意；他们就不是作为主权者行事，而是作为行政官行事了。这似乎与一般人的看法相反，不过，请允许我留待以后来陈述我的看法。

人们由此可以想象得到：公意之所以能成为公意，不在于它所得的票数，而在于其间有使人们结合起来的共同的利益。因为，在这种制度下，每个人都必然会服从他要求别人遵守的条件；这种利益和正义二者之间的可赞美的一致性，使公众的讨论具有一种任何其他个别事情所没有的公正性。在个别事情的讨论中，由于没有能把法官的准则和当事人的准则联系起来形成一致的共同利益，因此这种公正性便消失了。

无论从哪方面探讨这个原则，我们都会得出同样的结论，即：社会公约在公民之间将奠定这样一种平等，使他们每个人都遵守同样的条件，从而享受同样的权利。可见，由于公约的性质，主权的一切行为，也就是说真正出于公意的一切行为，都将同等地约束或关心所有的公民，因而主权者只认国家共同体而不区别对待组成这个国家中的任何一个个人。然则，主权行为严格说来究竟是一种什么行为呢?它不是上级与下级之间的约定,而是共同体同它的每个成员之间的约定。这个约定是合法的,因为它是建立在社会契约的基础上的;是公平的,因为它对所有的人都是一样的;是有益的,因为它除了大家的幸福以外,便没有其他的目的;是巩固的,因为它有共同的力量和最高权力做保证。只要臣民们都只服从这样一个约定,他们就不是在服从任何一个个人,而是在服从他们自己的意志。如果问主权者和公民各自的权利会扩大到何种程度,那就等于是问公民们将自己约束自己——每个人对全体和全体对他们当中的每一个人——到何种程度。

由此可见,主权权力无论是多么绝对、多么神圣和多么不可侵犯,都不会超过而且也不可能超过公共约定的界限,而且每个人都可自由处置这种约定所留给他的财产和自由;可见主权者无权使某个臣民比另一个臣民承受更多的负担,因为,如果他这样做的话,事情就变成个别的了,主权者的权力就不再有效了。

如果这些论点能得到大家的认同的话,那么,就不应当再荒谬可笑地说什么按照社会契约行事,个人就不会不受到一些真正的损失;因为,由于社会契约的结果,个人的处境的确比以前的处境好得多。他们这样做,并不是真的转让了什么,而是一种有利的交易:以一种不稳定的和不可靠的生活方式去换取一种更美好的和更可靠的生活方式,以天然的独立去换取社会的自由,以放弃损害他人的强力去换取自身的安全,以自己可被他人战胜的力量去换取由于社会的结合而拥有的不可侵犯的权利。何况他们奉献给国家的生命也在继续不断地得到国家的保护;即使为了保卫国家而有丧失生命的危险,这不也是把得自国家的东西还给国家吗?现在，即使他们将不可避免地要进行战斗，要冒着牺牲生命的危险去保护他们生存必需的东西，但在自然状态下，他们进行的战斗不是比现在更频繁，他们冒的危险不是比现在还大吗？是的，每个人在必要时都要为祖国去战斗，但从此以后，为自己而战斗的事就不会发生了。为了我们的安全，而只是去冒一旦失去了安全我们自己就必须去冒的危险中的一部分，这难道不是收益吗？

第五章 论生死权[①]

有人问，既然个人没有处置自己生命的权利，他怎么能把他本来就没有的权利转让给主权者呢？这个问题之所以显得难以解答，是由于它的提法不对。每个人为了保护自己的生命都有权去冒牺牲自己生命的危险。我们能说一个人为了逃避火灾而从窗子跳下楼去，是犯了自杀罪吗？我们能责怪那个在风浪里被淹死的人在上船的时候怎么不知道有翻船的危险吗？

社会契约的目的是旨在保全缔约者。谁要达到目的，谁就需要有达到目的的手段，而手段是同某些风险分不开的，甚至同某些牺牲分不开的。谁要依靠他人来保全自己的生命，谁也应当为了保全他人而在必要时牺牲自己的生命。当法律要求公民去冒危险时，公民就不应当问法律要求他去冒的危险是大还是小。如果君主对他说："为了国家的利益，需要你去效死，"他就应当去死，因

① 本章是第四章《论主权权力的界限》的继续，论述在何种情况下国家有权要求一个人去冒牺牲他的生命的危险，在何种情况下国家有权处死一个罪犯。——译者

为，他正是按照这个条件才一直平平安安地生活到现在；他的生命不单纯是自然的恩赐，而且也是国家的一种有条件的馈赠。

对犯人处以死刑的问题，大体上也可以按照这个观点来解释。正是为了不至于成为凶手的牺牲品，所以人们才同意，如果自己成了凶手，自己也得死。在社会契约下，人们考虑的不是如何了结自己的生命，而是如何保障自己的生命。不能设想缔约者中有谁事先就想到自己会被处以绞刑。

凡是侵犯社会权利的歹徒，便由于他的恶行而成为危害祖国的叛逆；他破坏了祖国的法律，因而也就不再是祖国的一个成员了，甚至可以说他是在向祖国宣战。这时候，祖国的存在与他的存在是不相容的，这两者之中必然有一个被消灭。其实，处死罪犯，所处死的是敌人，而不是公民；起诉书和判决书就是他破坏了社会公约的证明和宣告，因此他就不再是国家的一分子。如果他以居住在祖国为理由而把他自己看作是祖国的一个成员的话，就应当把他作为公约的破坏者而流放国外，或者把他作为公众的敌人而处死，因为这样一个敌人已经不再是一个道德人，而是一个个人；这时候就可以用战争的权利处死被征服者。

人们也许认为对罪犯进行惩罚是一种个别行为。我同意这种看法；不过，这种惩罚不应由主权者去实施；这是他应当委派别人去行使的权利。我的看法是前后一致的，但我无法把它们全都放在一处陈述。

刑罚的频繁，表明政府的软弱和无能。没有任何一个坏人是我们无法使之在任何一件事情上都不能做出善行的。我们没有权利擅用死刑，不能借口杀一儆百而杀罪犯，只有在保存他就不可能不给人们带来危险的情况下，我们才能处死他。

至于对一个已经由法律或法官宣布判刑的罪犯行使赦免或减刑的权利，那是属于超乎法官和法律之上的人的，这就是说属于主权者的。不过，主权者在这方面的权利还不太明确，而且行使的时候也非常稀少。在一个治理得很好的国家中，刑罚是很少的；这倒不是因为赦免多，而是因为犯罪的人少。只有在国家日趋衰亡，犯罪的人日益增多的情况下，罪犯才有免遭惩办的可能。在罗马共和国，无论是元老院还是执政官都不曾想过要赦免罪犯；就连人民也不这样做，尽管有时候也撤销他自己所做的判决。频繁的赦免表明罪犯不久就不需要赦免了。如果出现这种情况的话，后果如何，那是人人都可看得出来的。我已经感到我的心在颤抖，使我不得不把笔放下，把这些问题留给那些从未犯过错误和自己不需要赦免的正直的人们去讨论。

第六章　论法律

有了社会公约，我们便使政治共同体得以存在并有了生命；现在要做的事情是，通过法律使它运作起来并表达其意志[①]，因为使政治共同体得以形成和巩固的这一原始行为，还不能决定它为了

① 卢梭在《日内瓦稿本》第1卷第7章《论人为法的必要性》中说："法律是政治共同体唯一的动力；政治共同体只能是由于法律而行动并为人所感知。没有法律，人们所建立的国家就只不过是一个没有灵魂的躯壳，它虽然存在，但不能行动。因为每个人都服从公意，这还不够；为了遵循公意，就必须认识公意。于是就产生了法律的必要性。"——译者

保存自己应当做些什么事情。

事物之所以美好和符合秩序，是由于它们的性质使然，而不是由于人类的约定。一切正义都来自上帝，只有上帝才是正义的源泉。不过，如果我们都能按照这种来自上天的正义行事的话，那我们就既不需要政府，也不需要法律了。毫无疑问，世上是存在着一种完全出自理性的普遍正义的；但是，这一正义要在我们之间得到认同，就应当是相互的。从人类的角度来考察事物，如果没有自然的制裁，正义的法则在人间就会成为一句空话。如果一个正直的人对大家都遵守正义的法则，而别人对他却不遵守，则正义的法则就只有利于坏人而不利于正直的人。因此，为了把权利和义务结合起来，使正义达到它的目的，就需要有约定和法律。在自然状态中，一切都是公共的；我对我不曾答应过什么的人，是没有任何义务的。我只认为那些对我没有用处的东西是属于他人的；而在社会状态中，事情就不是这样了，一切权利都是有法律规定的。

然则，究竟什么是法律呢？如果人们只从这个词的形而上学的意义来探讨的话[①]，便会愈探讨愈弄不明白；即使能解释自然法是什么，但也未必能因此就可更好地解释国家法是什么。

我已经说过，公意是绝不针对个别的对象考虑问题的，无论这个个别的对象是在国家之内还是在国家之外。如果是在国家之外，则这一外来意志对他而言就不是公意；如果这个对象是在国家之内，则他是国家的一部分，这时候，在全体与他的这一部分之间

① 这句话是针对孟德斯鸠说的。孟德斯鸠对“法”这个词下的定义是：“从最广泛的意义来说，法是由事物的性质产生出来的必然关系。”（孟德斯鸠：《论法的精神》，张雁深译，商务印书馆1982年版，上册，第1卷，第1章，第1页）——译者

便形成了一种两个分开存在的对比关系，使他们成为：部分是一个存在，少去这一部分的全体是另一个存在。但是，全体少去了这一部分就不是全体了。只要这种关系继续存在，就没有全体，就只有两个不相等的部分，因此，这一部分的意志对另一部分而言就不是公意。

当全体人民对全体人民作出规定时，他们考虑的是他们自己，这时，虽然形成了一种对比关系，那也只是从某个观点来看的整个对象对从另一个观点来看的整个对象之间的关系，全体并未因之而分裂。这时，由于作出规定的行为者是公意，它所规定的事情就是带普遍性的。正是这种带普遍性的规定，我称之为法律。

我说法律的对象永远是普遍的，我的意思是说法律所考虑的是全体臣民和抽象的行为，而绝不考虑某个个人或某个个别的行为。法律可以规定某些特权，但它绝不明确规定把这些特权给予哪一个人；法律可以把公民分成几个等级，甚至规定取得各个等级的权利的资格，但它绝不指明某人可列入某个等级。它可以确立一个王国的政府，并规定某种继承的顺序，但它并不指定某人为国王，也不指定谁是王室家族中的人。总而言之一句话，任何一种以个别对象为目的的职能，都不属于立法权的范围。

根据以上的陈述，我们马上就可看出：我们用不着问应当由谁来制定法律，因为法律是公意的行为；也用不着问君主是不是高于法律，因为君主也是国家的一个成员；更用不着问法律是否公正，因为谁也不会对自己不公正；也用不着问人既然是自由的，为什么又要服从法律，因为法律是我们自己的意志的记载。

我们还可以看出：既然法律结合了意志的普遍性和对象的普

遍性，那么，任何人，不论他是谁，擅自发号施令都绝对不能成为法律；即使是主权者对某一个别的对象发出的号令，也不能成为法律，而只能是一道命令；不是主权行为，而是行政行为。

因此，凡是按法律治理的国家，不论它的政府是什么形式的政府，我都称它为“共和国”，因为只有这样才是按公众的利益来治理国家，公共的事物才受到重视。一切合法的政府都是共和制的*；我在后面①将阐明政府是什么。

确切地说，法律完全是社会结合的条件。服从法律的人民，应当是法律的制定者；规定社会条件的，应当是结合成社会的人们。但是，他们怎样进行规定呢？他们灵机一动就能达成一致吗？政治共同体有一个表达自己意志的机构吗？是谁给政治共同体必要的远见以事先把这些意志形成条文并加以公布呢？或者，怎样在必要的时候宣布这些条文？由于不知道什么是好的事物因而往往不知道自己需要什么的盲目的群众，怎样来担负这一如此艰巨的一系列立法工作呢？人民总是希望自己幸福，但他们总是不知道如何才能得到幸福。公意永远是正确的，但引导公意的判断力并不总是明智的。因此，必须使它不仅要看到对象当前的真实情况，有时候还要使它看到对象呈现的假象，必须向它指出它应当走的道路，使它不受个别意志的诱惑，使它看准时间和地点，要看到未

---

* 我认为这个词的意思不仅仅是指贵族制或民主制，而且还普遍指一切按公意即法律治理的政府。政府要成为合法的，就不能和主权者混为一谈，它只能是主权者的意志的贯彻者。这样，君主制本身也是共和制。这一点，我将在下一卷中加以阐明。——作者

① 指本书第三卷第一章。——译者

来的隐患而放弃眼前表面上似乎是有利可图的好处。个人知道什么是幸福，但往往把幸福轻易失去；公众希望幸福，但却看不到幸福在哪里。这两者都需要有人去指导：告诉前者如何使他们的意志服从他们的理性，告诉后者如何了解自己需要什么。这样，公众的智慧就能使理性与意志在社会体中结合起来，从而使各部分能完美地通力合作，使全体的力量得到最大的发挥。要达到这些目的，就需要有一个立法者。

第七章 论立法者

为了能发现适合一个民族的最好的社会规则，就需要有一个能通达人类的种种感情而自己又不受任何一种感情影响的最高的智慧。它虽与我们的天性没有任何关系，但它又深深了解我们的天性；它的幸福与我们无关，但它又十分关心我们的幸福。随着时间的推移，它着眼的是未来的光荣：在这个世纪工作，在下一个世纪享受[*]。要为人类制定法律，简直是需要神明。

卡里古拉根据事实来推论②，他这个方法到了柏拉图的手里就变成根据权利来推论了。柏拉图在他的书中③从权利的角度来描述他所寻求的统治国家的政治人物或做人君的人物是什么样

* 一个国家的人民只有在他们的立法工作开始衰败的时候才出名。谁也不知道莱格古士建立的制度已经使斯巴达人享受了多少个世纪的幸福之后，希腊其他地方的人民才开始注意斯巴达人的情形。——作者

② 见本书第一卷第二章。——译者

③ 指柏拉图的《政治篇》。——译者

子。不过，就算一个伟大的君王是一个罕见的人物，那么，一个伟大的立法者又是何等人物呢？前者是按照后者制定的模式行事的；后者是发明机器的工程师，而前者只不过是安装和开动机器的工人。孟德斯鸠说："在社会诞生的时候，是共和国的首领在制定制度，而此后，就是制度来塑造共和国的首领了。"①

敢为一国人民立法的人，可以说他是自信有能力改变人的天性的。他能把每一个本身是完整的和孤立的个人转变为一个更大的整体中的一部分，使他按一定的方式从这个更大的整体中获得他的生命和存在，并改变和增强其素质，以作为整体的一部分的有道德的存在去取代我们得自自然的个人身体的独立的存在②。一句话，立法者必须剥夺人原有的力量，而给他以外部的、没有外人的帮助就无法运用的力量。这种天然的力量剥夺得愈多，则社会获得的力量便愈大和愈持久，制度便愈巩固和愈完善。从而每个公民如果没有别人的帮助，就会等于零，就什么事情也做不成。如果整体获得的力量等于或大于所有个人的天然力量的总和，这时候，我们可以说立法工作就达到了它能达到的最完美的程度。

无论从哪方面看，立法者在国家中都是一个非凡的人物：不仅由于他的天才是这样，而且从他的工作来看也是这样。他从事的，

---

① 见孟德斯鸠：《罗马盛衰原因论》，婉玲译，商务印书馆 1997 年版，第 1 章。——译者

② 这段话的意思，卢梭在《爱弥儿》中也有相同的表述。他说："好的社会制度是这样的制度：它知道如何才能够最好地使人改变他的天性，如何才能够剥夺他的绝对的存在，而给他以相对的存在，并且把'我'转移到共同体中去，以便使各个人不再把自己看作一个独立的人，而只看作共同体的一部分。"（卢梭：《爱弥儿》，李平沤译，商务印书馆 2009 年版，上卷，第 10 页）——译者

不是行政工作，也不是行使主权。他缔造了共和国，但他的工作并不属于共和国的任何一个部门。他的工作是独特的和超然的，与人世间的任何其他工作都没有共同之处，因为，如果说主管人的人就不应当去管法律，那么，主管法律的人也不应当去管人，否则，他的法律就会受他的感情的影响，因而就不可避免地将使他个人的观点败坏他的事业的神圣性[①]。

莱格古士为他的国家立法时，是先逊位然后才开始立法的。大部分希腊城邦都有这样一个习惯的做法：把制定法律的工作委托外邦人去做；现今的意大利共和国也往往仿照这种做法，日内瓦共和国也是如此，而且觉得这种做法很好[*]。罗马在最兴盛的时候，就已经发现，由于把立法权和主权都集中在几个人的手里，国内便出现了许多暴政的罪行，使国家必将陷于灭亡。

不过，十人会议[③]本身从来没有妄图拥有单凭他们的权威就能制定法律的权利。他们对人民说："我们向你们提出的任何建

---

① 这段话的意思，卢梭在本书第三卷第四章中又再次表述。他说："由制定法律的人去执行法律，这是不好的；而人民共同体把他们的注意力从带普遍性的事物转向个别事物，这也是不好的。再没有什么事情比个人的利益在公共事务中发生影响更危险的了。"——译者

* 有些人把加尔文只看作一个神学家，而没有发现他的天才的伟大。对于我们的明智的法令的制定，他是付出了许多辛劳的，因而同他的《原理》[②]一样，使他获得了巨大的荣誉。尽管随着时间的推移，在我们的宗教信仰中发生了许多巨大的变化，但是，只要对祖国和自由的爱不在我们心中熄灭，我们就永远不会忘记这个伟人给我们带来的恩泽。——作者

② 指加尔文的《基督教原理》(1536)。——译者

③ 指罗马十人会议——译者

议，没有你们的同意，就不能成为法律。罗马人啊，给你们带来幸福的法律，只能由你们自己来制定。”

可见，起草法律的人是没有而且也不应当有任何立法的权利的；而人民本身即使是愿意，也是不能自己剥夺自己的这个不可转让的权利的。因为，按照基本公约，只有公意才能约束个人，而个别意志是否符合公意，是只有在人民举行的自由投票之后才能被确定。这一点，我在前面已经说过，不过，在这里重说一次，也不是没有用处。

这样，在立法工作中同时存在着两种似乎是互不相容的情形：它既是一项超出人的力量的事业，而在执行方面它又是一个无形的权威。

另外还有一个困难值得我们注意。这个困难是：立法者在向一般的普通人讲说法律的时候，如果不用一般老百姓的语言而用智者的语言，那么，一般人是听不懂的。可是，有许许多多的法律概念是无法翻译成人民的语言的。太笼统的观念和太遥远的目标，是超出人民的理解力的。对于政府的各种计划，每一个个人是只对与他自己的切身利益有关的计划才感兴趣，因此他们很难理解那些要求他们一再做出牺牲的良好的法律会给他们带来怎样的好处。要使一个新生的民族能领会健全的政治准则，并按照符合国家利益的基本规律行事，就需要倒果为因，就需要使本该是制度的产物的社会精神转而超越在制度之上，使人民在法律出现之前就成为他们在有了法律之后才能成为的那种样子。因此，立法者既不能用强力也不能用说理的方法，而必须采用另外一种不用暴力也能约束人，不讲一番大道理也能说服人的权威。

各个时代的国家的缔造者们之所以不得不求助于上天的干预，并把他们的智慧说成是神的智慧，其目的，就是使人民像服从自然的规律那样服从国家的法律，并认识到在人群的结合和城邦的形成方面都是由于同样的权威，从而能够自由地服从，并驯顺地承受公共的福祉强加在他们身上的桎梏。

立法者利用这种超出一般人的理解力的崇高的说教，把他的决定说成是来自神灵，利用神的权威来约束那些靠人的智慧不能感动的人*。但是，并不是每个人都能让神发言的，也不是他一自称他是传达神意的使者就有人相信的。只有立法者的伟大的灵魂才能证明他的使命的真正奇迹。每个人都能伪造碑文，或者贿买一道神谕，或者假托某个神灵，或者训练一只小鸟对着人的耳朵叫出几下好像是人的语言的声音，或者用其他更等而下之的办法欺骗人民，但是，只会玩弄这些花招的人虽然也能一时纠集一群无知的人，但他绝对不能缔造一个国家。他所做的那些荒唐事，不久就会和他一起烟消云散、化为乌有的。虚假的威望只能维持短暂的联系；要使联系持久和巩固，必须靠智慧。迄今依然存在的犹太法律②，以及至今统治半个世界已十个世纪之久的以实玛利的儿子制定的法律③，今天还显示着那些制定这两种法律的人的伟大。

---

* 马基雅弗维说："事实上，为了使人们能接受新的法律，没有任何一个立法者不求助于神的干预，而且，必须承认，由于这些法律的性质决定了，不用这个办法，它们就不会被人们接受。有许许多多好的法理，虽然其重要性已被聪明的立法者所认识，但它们本身却不具有使人们信服的明显的证据。"(《李维论》，第1卷，第11章)——作者

② 犹太法律，指摩西制定的法律。——译者

③ 以实玛利的儿子制定的法律，指穆罕默德制定的法律。——译者

当骄傲的哲学[①]和盲目的宗派思想[②]说他们只不过是一时得逞的骗子时，真正的政治家却发现他们创立的制度中存在着一种使他们的勋业得以长存的伟大而高超的天才。

不过，我们不能根据以上所述就得出同华伯登[③]一样的结论说政治同宗教在人世间有一个共同的目的；而应当说：在国家始建之时，宗教是用来达到政治目的的工具。

第八章　论人民

建筑师在修建一座大厦之前，要勘测和探查一下此地的土质，看它是否能承载大厦的重量，同样，明智的立法者也不先从制定良好的法律本身入手，而要先研究他要为之立法的人民是否能接受他制定的法律。正是由于这个缘故，柏拉图才拒绝为阿加狄亚人和昔兰尼人制定法律，因为他发现这两个民族的人民都很富有，是不容许平等的。也正是由于这个缘故，在克里特虽有良好的法律，但却出现了许多坏人，因为米诺王统治的人民有着一身的坏毛病。

地球上有许许多多民族都曾经在没有良好的法律的情况下繁荣昌盛过；也有许许多多民族虽有良好的法律，但在他们国家存在的岁月中，也只是在一个很短暂的时期里遵守他们的法律。民族

① 骄傲的哲学，指伏尔泰的悲剧《穆罕默德》中发表的言论；伏尔泰在剧中称穆罕默德为“骗子”。——译者

② 盲目的宗派思想，指罗马的天主教会的思想。——译者

③ 华伯登(1698—1779)，英国神学家，著有专门讨论宗教与国家的关系的《宗教与国家的联盟》(1736)。——译者

和人一样，只是在他们青年时期是温驯的，到年岁稍长，便变得难以驾驭了。习惯一旦形成，偏见一旦扎根，若想把它们加以革除，那是很危险的而且是徒劳的，如同愚蠢的和缺乏勇气的病人一看见医生就发抖一样，人民甚至不愿意你为了消灭他们的缺点而和他们谈一下他们的缺点。

如同某些疾病能搞乱人的头脑，使人失去对过去的记忆一样，在国家整个存在期间，有时候也不可能不出现一些动荡的时期，这时候，如同疾病给人造成危害一样，大动乱也将给人民造成大灾难，因而使人们对过去不是遗忘而是感到恐惧。这时，经历了内战的战火荼毒的国家可以说是从灰烬中得到了新生，脱离了死神的怀抱，又重新恢复了青春的活力。莱格古士时代的斯巴达就是如此，塔尔干王朝后的罗马也是如此；在我们这个时代，把暴君驱逐之后的荷兰和瑞士也是如此。

不过，这种事例是罕见的，是例外；造成这种例外的原因，是可以在这些例外的国家的特殊体制中找到的。这种例外，在同一个民族中不可能出现两次，因为，他们必须尚处于野蛮状态，才能重新获得自由，而一旦他们的政治活力衰竭之后，他们就不可能如此了。这时候，忧患将摧毁他们，而革命也不可能使他们重新振奋起来：他们身上的枷锁一被打碎，他们就四分五散，不再成为一个民族了。今后，他们需要的是主人，而不是解放者。自由的人民啊，请你们记住这句箴言：我们能争取自由，但我们永远不能恢复自由。

如同人一样，每个民族也是有一个成熟期的；只有等她到了这个时期,才能使之服从法律[1]。不过,一个国家的人民什么时候才到成熟期,那是很不容易识别的。如果想把它提早的话,那是一定会遭到失败的。有些民族生来就是可以用法律加以约束的,而另外有些民族即使等上十个世纪也是不可能用纪律约束他们的。俄罗斯人永远不可能成为真正开化的民族,因为他们开化的时间太早了。彼得[2]有模仿的天才,但他没有真正的天才;真正的天才是创造性的,是白手起家、从无到有的。在他所做的事情中,虽说有些是好的,但大多数都不合时宜。他知道他的人民是野蛮的,但他没有发现他的人民尚未成熟到可以开化的程度。在需要把他的人民磨砺成吃苦耐劳的民族时,他却想把他们培养成文质彬彬的人;在需要把他的人民培养成俄国人的时候,他却想先把他们培养成德国人或英国人。由于他试图使他的臣民相信他们已经达到了他们尚未达到的那种样子,反而妨碍了他们达到可能达到的样子。有一个法国教师就是这样培养他的学生的:他想使他的学生在孩童时候就显得聪明过人,结果反而使他一事无成。俄罗斯帝国企图使全欧洲对它拱手称臣,但结果很可能是它自己被欧洲所降伏。它的附庸即那些和它比邻而居的鞑靼人将成为它的主人和我们的主人。我觉得这场巨变是必定会发生的;欧洲各国的君主都在共同努力使之加速到来。

---

① 这段话,1782 年的版本作:"青年不是童年。如同人一样,每个民族都有一个青年时期,或者说,都有一个成熟时期,只有等她到了这个时期,才能使之服从法律。"——原编者注

② 彼得,指俄皇彼得大帝(1672—1725),1682—1725 年在位。——译者

第九章　论人民(续)

大自然为了使一个人的身材长得很匀称,便给它定了一个限度,超过了这个限度,他不是长成一个巨人就是成为一个侏儒。同样,对于一个体制良好的国家,它的幅员也是有界限的:既不使它过大,以致难于治理;也不使它过小,以致不能养活它的人民。任何一个政治体都有一个它不能超过的力量的极限。然而,由于不断扩张,它往往会离开这个极限。社会的纽带愈扩大,便愈松弛。一般地说,符合比例的小国是比一个大国治理得更好的。

有千百种理由证明这条准则。首先,如同杠杆愈长则悬在其末端的物体便变得愈重一样,距离愈遥远,行政便愈困难。随着层次的增多,行政的负担便愈沉重,因为每个乡镇都有它的行政机关,其费用要由人民来负担;每个县也有由人民负担其费用的机关;县之上有知州和知府,再往上还有巡抚和总督。愈往上,人民的负担便愈增多,而且负担这些费用的,都是穷苦的人民。最后,还有那个把全体人民压垮的最高政府。这么多超重的负担必将耗尽臣民的钱财。由这么多不同层次的政府治理,不仅没有治理得更好,反而比在他们头上只有一个政府治理得更糟。这时候,如果出现非常情况的话,人民简直就没有余力来负担了。国家一告急,往往就濒临灭亡的前夕了。

不仅如此,更严重的是:政府还更加缺乏能力和果断的措施去执行法律,去防止官吏骚扰百姓与滥用职权,去消弭边远地区发生的动乱。此外,人民对他们根本见不着面的首领,对他们看起来如同异域的祖国，对大部分是他们不相认识的同胞，也更加缺乏感情。要使那么多风俗习惯和自然条件迥然不同的省份都遵守同一种法律，接受同一种治理方式，那是不可能的。然而，如果对生活在同样的首领之下的人民实行不同的法律的话，那就必然会引起纠纷和混乱，再加上他们彼此不断的交往，互相通婚，采取别人的风俗习惯，因而也就不知道他们祖先的遗风对他们是好还是不好了。在这样一种由一个至高无上的行政权威聚集在一起而彼此又互不认识的人群里，人们的才智必然会被埋没，他们的美德无人知晓，他们的恶行也不会受到惩罚。首领们公务繁忙，不可能事事躬亲，结果，实际统治国家的，是那些小吏；而为了维护公共权威（对于公共权威，那些远离其监督的官员们总是想方设法规避或窃取的）而采取的措施，必将耗尽政府的精力，使政府没有余力来关心人民的幸福，甚至在紧要关头几乎连用来保卫它自己的力量也没有了。就这样，一个躯体过于庞大的共同体就会在它自身的重压下遭到削弱和毁灭。

另外，国家为了自身的巩固，为了经受得住难以避免的动乱和为了保护自己而不得不做出一些努力，就需要有一个可靠的基础，因为，无论哪个国家的人民都有一种离心力，像笛卡儿所说的漩涡①那样使他们不断地互相发生影响，都想牺牲邻人来扩大自己，因而弱者不久就有被吞灭的危险，而且，除非大家都处于某种平衡状态，使压力处处都差不多相等，否则，谁也保不住自己。

---

① 笛卡儿在他的《哲学原理》(1644)中说宇宙是由物质和运动这两个要素构成的：物质在运动的不断推动下，分裂成许多小块；而推动物质的运动，其本身也在不断分化，形成许多涡流。——译者

由此可见,既有需要扩张的理由,也有需要收缩的理由。能在这两者之间找到最有利于国家生存的比例,那不是一项只有微小的政治才能就能做到的。我们可以这样一般地说:前者是对外的和相对的,因而应当从属于后者,因为后者是对内的和绝对的。一个健康有力的体制,是我们应当办好的第一件事情;我们对一个良好的政府产生的活力的重视,应当大于对一个广大的国土提供的资源。

此外,我们还发现:有些国家由于其体制的本身而需要侵占他国的领土,而且,为了维持它们自己的存在,便不得不无休止地对外扩张。也许它们自以为有这种需要是一件好事,殊不知这恰恰预示着随着它们版图扩大到了极限,它们不可避免的灭亡的时刻也就到来了。

第十章 论人民(续)

我们可以用两种事物来衡量一个政治共同体。这两种事物,一个是它的领土的大小,另一个是它的人口的多寡。在这两种事物之间存在着一个使国家真正伟大的适当的比例。构成国家的,是人民;而供养人民的,是土地。因此,这个关系在于使国家的土地足以养活其居民,而居民的人数恰好是土地能供养的那么多。一定数目的人民的最大限度的力量就来自这个比例。因为,如果土地太多,则对土地的保卫就是一项沉重的负担,耕种土地的人力就不足,物产就会过剩:这是出现防卫战争的近因。如果土地不足,则国家就会觊觎邻国的土地来补充自己的土地:这就是引起进攻战争的近因。一个民族,如果由于其所处的位置而只能在通商和战争之间选择其一的话,那它本身就是很脆弱的:它要依靠它的四邻,要受局势发展的影响,因而便只能有一个风雨飘摇的短暂的存在。它要么征服他人以改变其处境,否则,就只好被他人征服而灭亡;它只能依靠它的渺小或伟大,才能保有它的自由。

要计算出国土面积和人口数目之间互相适合的确切的比例,那是不可能的,因为,不仅土地的质量、肥沃的程度、产物的性质和气候的影响有许多差异,而且还由于居住在这块土地上的居民的体质也不同;再加上居住在肥沃之地的人消耗少,而居住在贫瘠之地的人的消耗多。另外还要考虑到妇女生育能力的强弱不同,考虑到国家的政策是否有利于人口的繁衍,还要看一个立法者打算用他所立的法使这块土地上能承受多少人口。在这一点上,一个立法者不能根据他所看到的情况而要根据他所预见到的情况来做判断;不能根据人口现在的情况而要根据人口天然地可以达到的情况来判断。另外,由于各个地方有许多特殊的原因,迫使人们或允许人们拥有比他们实际的需要更多的土地。例如山地的人们就可以扩张他们的土地,因为山地的自然产物,即树木和牧草,花费的劳动少;而经验也告诉我们:山地的妇女们的生育能力比平原地的妇女强,而且一大块坡地上只有一小块可以耕种的平地。反之,在濒海之地,即使是在几乎寸草不长的岩石和沙滩上,人们也可以集中聚居,因为捕鱼可以代替大部分土地的产物,而且必须集中居住才能打退海盗;此外,他们还可以用殖民的办法来分散过多的居民。

要奠定一个国家，除了上述条件以外，还要另外再加上一个条件。这个条件不能代替其他条件，但是，如果没有这个条件，则其他条件便全都不起作用。我说的这个条件是：人民必须享有富足与和平，因为在国家初建之时，就如同一支军队组编之时一样，是共同体最缺乏抵抗力和最容易被摧毁的时刻。人们的抵抗力即使是在绝对没有秩序时也比酝酿时大；因为在酝酿时，每个人都只顾他自己的地位而不顾危险。在这关键时刻，如果突然发生战争、饥荒或暴乱的话，国家就必然会被倾覆。

我的意思并不是说在这些风暴时期不能建立政府；事实上，有许多政府就是在这种时期建立的。我的意思是说，使国家遭到毁灭的，正是这些政府本身。篡权者往往要制造混乱或选择在混乱的时期，利用公众的恐惧心理通过人民在头脑冷静的时候绝不采纳的各种危害人民的法律。建立政府的时机的选择，是人们据以区别它是由立法者建立的还是由暴君建立的最可靠的标志之一。

然则，什么样的人民适合于立法呢？适合于立法的，是这样一种人民：他们虽然已经由某种起源、利益或约定联系在一起，但他们还不曾受过法律的真正束缚；他们没有根深蒂固的习惯或迷信思想；他们既不怕遭到外敌的突然入侵，也不参与邻国的纠纷，而且可以单独抵抗它们当中的任何一个，或者和一个联合起来击退另一个；他们的每一个成员都为其他成员所认识；他们绝不强迫一个人担负超过其能力的重担；他们没有其他民族的帮助也能过活，而其他民族没有他们也能过活*；他们既不富也不穷，可以自己满足自己；最后，他们可以把古老民族的坚韧性和一个新兴民族的温顺性结合起来。立法工作之难，不难在它必须建立的东西，而更多的是难在它必须摧毁的东西。成功的事例之所以如此稀少，是由于很难找到能与社会的需要相结合的自然的淳朴民风。的确，这些条件是很难全都齐备的，所以体制良好的国家为数不多。

在欧洲有一个可以为之立法的国家；这个国家是科西嘉岛。这个勇敢的民族在恢复和保卫他们的自由方面所表现的坚韧不拔的气概，值得一个智者去教导他们如何保持他们的自由。我有某种预感：终有一天，这个小岛将震撼全欧洲。[①]

---

* 在两个相邻的国家中，如果一个没有另一个就不能过活的话，则对前一个国家来说，这种局面就很难堪，而对后一个国家来说就很危险。在这种情况下，任何一个明智的国家都将努力迅速摆脱这种对另一个国家的依赖。被包围在墨西哥帝国领土中的斯拉斯加拉共和国宁肯不吃盐，也不花钱从墨西哥人手中买盐吃，更不愿意接受墨西哥人免费白送的盐。斯拉斯加拉人看出了隐藏在这种慷慨大方背后的陷阱，因此他们保住了他们的自由。这个被包围在一个大帝国中的小国，最后终于成了使那个大帝国覆亡的工具。——作者

① 在历史上，科西嘉岛屡遭外来势力的侵凌，先后受到罗马教廷和比萨人的统治，到 14 世纪又落入了热那亚人的手里。1762 年卢梭的《社会契约论》发表的时候，这个小小的岛国依然是热那亚的属地[②]，没有获得独立。

1764 年，有一个名叫布达富科的军官读了卢梭在《社会契约论》中对科西嘉人民所说的这段赞扬的话以后，深受感动，便写信给卢梭，要求他对科西嘉的政治制度，特别是贵族特权问题，发表看法。布达富科在信中说："科西嘉差不多就处于你所说的可以进行立法的情况。它迄今还不曾负荷过法律的真正束缚，它不怕被突然的侵略所摧毁，它不需要其他民族的帮助也能过活，它既不富也不穷，完全能够自给自足。"卢梭把布达富科寄给他的材料看了以后，欣然答应了布达富科的要求，为科西嘉人写了一部《科西嘉制宪意见书》。他在《意见书》的序言中说："科西嘉人民正处于可以使一部良好的宪法得到实施的理想状态。"——译者

② 到 1768 年并入法国。——译者

第十一章 论各种不同的立法体系

如果我们努力探索全体人民的最大幸福——这是一切立法体系的最终目的——究竟是什么，那么，我们将发现它可以归结为两个主要的目标，即自由与平等[①]。为什么要自由？这是因为一个人如果依附于他人了，则国家共同体就会少去这个人的力量。为什么要平等？这是因为没有平等，自由就不可能存在。

什么是政治自由，我在前面已经说过了[②]，至于平等，我们不能从这个词的字面意思理解为是指一切人的权力和财富是绝对相等的。它的意思是指：任何人的权力都不能成为暴力，而必须按等级和法律行使；在财富方面，任何一个公民都不能富到足以用金钱去购买他人，也不能穷到不得不出卖自身。这就要求大人物必须节制财富和权势，小人物必须克服贪欲与妄求。*

有人说，这种平等是凭空想象的，实际上并不存在。不过，虽然滥用权力和财富的事情是不可避免的，难道因此就可以认为一点都不去纠正吗？正是因为事物的力量总是倾向于摧毁平等，所以才需要立法的力量倾向于维持平等。

不过，所有一切良好的体制的这些普遍的目的，在每个国家中

① 着重号是原有的。——译者

② 见本书第一卷第八章。——译者

* 您想使国家巩固吗？您就尽可能使两极接近，使国中既没有豪富，也没有赤贫。这两个等级是天然不可分开的，对公共的幸福是大有危害的：前者将产生暴政的拥护者，后者将产生暴君；他们之间一直是拿公众的自由做交易，一个买，一个卖。——作者

都应当根据当地的情况和居民的特点这两者所产生的关系而加以调整；每一个民族都应当根据这种关系制定一个特殊的制度体系。这样制定的体系尽管它本身并不是最好的，但对采用它的国家来说则是最好的。例如土壤是很贫瘠的吗？或者对居民来说国家的土地是太狭小了吗？那么，你们就发展工艺制造业，用工艺品去换取你们所缺少的食品。反之，你们占有的是富庶的平原和肥美的丘陵地吗？在你们美好的土地上缺人居住吗？那你们就大力发展能使人口迅速增长的农业并关闭工艺作坊，因为工艺作坊把国家本来就为数很少的居民都聚集在几个地点，结果使国家的人口日益减少？* 你们占有的是广阔而舒适的沿海地区吗？那你们就大量制造海船，发展通商与航海事业；你们的生活将很美好，时光会很快流逝。你们临海的那一面是难以攀缘的岩石吗？那你们就安下心来做以鱼为主要食品的野蛮人，你们的生活也将过得很平静，很舒适，而且肯定会更幸福。总而言之一句话，除了大家都遵循的准则以外，每个民族都有某些原因使他们以特定的方式按一定的秩序生活，使他们的立法只适合于他们自己。正因为如此，过去的希伯来人和近代的阿拉伯人便以宗教为主要目的；雅典人以文学为主要目的，迦太基人和梯尔人以商业为主要目的，罗德岛人以航海为主要目的，斯巴达人以战争为主要目的，罗马人以美德为主要目的。《论法的精神》的作者以许许多多事例来论证了立法者是以

---

* 达让松侯爵说："对于一个国家来说，任何一种对外贸易带来的好处都是虚假的。它能使某些人甚至某些城市发财致富，但整个国家却得不到任何利益，人民也不能生活得更好。"——作者

何种巧妙的方法把制度引向每一个这样的目的的。①

要使一个国家的体制能真正稳固和持久，就必须严格按照实际情况行事，使自然关系和法律永远在每一点上都协同一致，而且可以这样说：法律只不过是在保障、伴随和矫正自然关系。但是，如果立法者在目的上犯了错误，因而采取了与事物的性质所产生的原则完全不同的方针，以致一个倾向于奴役，一个倾向于自由；一个倾向于致富，一个倾向于繁衍人口；一个倾向于和平，一个倾向于战争，那么，法律将不知不觉地被削弱，体制将被改变，国家将动荡不宁，最后，不是被毁灭就是会变质，于是不可战胜的自然便将重新恢复它巨大的影响力。

第十二章 法律的分类

为了使一切都纳入秩序，或者说使公共的事物有一个尽可能好的形式，是有许多不同的关系需要考虑的。首先要考虑整个共同体对其自身所起的作用，也就是说全体对全体的比率或主权者对国家的比率。这个比率，是由比例的中项构成的；这一点，我们在后面即将谈到。

① 孟德斯鸠在《论法的精神》第 2 卷第 11 章第 5 节说："虽然一般地说，一切国家都有一个相同的目的，就是自保，但是每一个国家又各自有其独特的目的。扩张是罗马的目的；战争是拉栖代孟的目的；宗教是犹太法律的目的；贸易是马赛的目的；太平是中国法律的目的；航海是罗德人的法律的目的；天然的自由是野蛮人施政的目的；君主的欢乐，一般说来，是专制国家的目的；君主和国家的光荣，是君主国家的目的；每个个人的独立性是波兰法律的目的，而其结果则是对一切人的压迫。"（孟德斯鸠：《论法的精神》，张雁深译，商务印书馆 1982 年版，上册，第 155 页）——译者

确定这种比率的法律，称为政治法。如果这种法律是明智的，我们也可以称它们为根本法，因为，如果说每个国家只能有一种良好的规划秩序的好方法的话，人民一发现它，就一定会坚决采用这种方法的；但是，如果已经建立的秩序是很坏的，人民为什么要把有碍于他们建立良好秩序的法律当作根本法呢？何况，不管怎么说，人民始终是有权改变他们的法律的，即使是最好的法律，他们也有权改变，因为，如果他们愿意自己损害自己，谁又有权阻止他们呢？

第二种关系是成员们之间或者说成员与整个共同体之间的关系。这个比率，对前者而言应当尽可能小，对后者而言应当尽可能大，以便每一个公民完全不依附任何其他人，而只依附于城邦。这一点，始终是用同样的方法实现的，因为只有国家的力量才能使它的成员们自由。从这第二个比率里就产生了民法。

人同法律之间还有第三种关系，即不服从与惩罚的关系。为了实行惩罚，就需要制定刑法；实际上，刑法与其说是一种特别的法律，还不如说是对所有其他各种法律的认可。

除了这三种法律之外，还应当加上第四种法律。这是各种法律之中最重要的一种。这种法律既不镌刻在大理石上，也不镌刻在铜表上，而是铭刻在公民们的心里。只有它是国家真正的宪法。它每天都将获得新的力量；在其他法律行将衰亡失效的时候，它可以使它们获得新生或者取代它们。它能使一个国家的人民保持他们的创制精神，用习惯的力量不知不觉地去取代权威的力量。我说的这种法律是风俗和习惯，尤其是舆论。这一点，尚不为我们的政治家们所认识，但其他的法律是否能有效地实施，却完全取决于它。伟大的立法者无不为实现这一点而不声不响地悄悄工作着。它看起来好像只不过是一些个别的规章,但实际上,个别的规章只不过是穹隆的支架,而唯有慢慢形成的风俗才是最后构成穹隆顶上的不可动摇的拱顶石。

在这几种法律中,只有规定政府形式的政治法才与我要阐述的主题有关。

第　三　卷

在论述政府的各种形式之前，我们应当弄清楚“政府”这个词的确切意义。它的含义，至今尚未被人很好地解释过。

第一章　政府通论

各位读者请注意：本章必须仔细阅读。对于不仔细阅读的读者，我是无法讲解清楚的。[①]

一切自由的行为，都是由两个原因相结合而产生的。这两个原因，一个是精神的，即决定这种行为的意志；另一个是物理

---

① 后来，卢梭在他的《山中来信》(1764)第 5 封信中又再次提请读者在阅读《社会契约论》第三卷第一和第二章时，务必细心。他在第 5 封信中关于政府形式的几段话，对我们阅读本卷大有帮助，特摘译如下：

“在‘政府’这个名词中，包含一些含混不清的意思，必须多说几句加以解释。‘政府’一词的含义，并不是在所有的国家中都是相同的，推究其原因，是由于各国的宪法并不完全一样。在君主国，行政权和主权的行使是结合在一起的，政府就是君主本人；他通过他的大臣、资政和各种绝对顺从他的意志的团体，行使他的权力。而在共和国，尤其是在民主制国家中，主权者从来不直接亲自行使政权；这一点，与君主国完全不同。在民主制国家中，政府只不过是行使行政权的机构，而行政权与主权是截然有别的。这个区别是非常重要的。为了弄清楚这一点，人们在阅读《社会契约论》第三卷第一和第二两章时务必留心。我已尽力在这两章把它们确切的意思解说清楚了，而不像有些人那样故意含糊其辞，以便按照他们的需要随心所欲地加以解释。”(卢梭：《山中来信》第 5 封信，见《卢梭全集》，第 3 卷，伽里玛出版社 1964 年版，第 770—771 页)——译者

的，即实施这种行为的力量。当我向一个目标走去的时候，首先必须是我心里想走到那里去，其次是我的腿能使我走到那里去。一个瘫痪的人想跑，一个身子灵活的人不想跑，这两个人都将停止在原地不动。政治体也有这种动力；我们可以同样把它们区分为力量与意志，把后者称为立法权力，把前者称为行政权力。没有这两者的结合，政治体便不能或者不应当做任何事情。

我们已经说过，立法的权力是属于人民的，而且只能属于人民，反之，从前面阐述的原则，我们就可以很容易地看出：行政权力是不像立法权力或主权权力那样具有普遍性，因为它涉及的只是个别行为；这种个别行为不属于立法行为，因此也不属于主权行为，因为主权者的一切行为都只能是法律。

因此，公共的力量就需要有一个适当的代理其行动的人，在公意的指导下发挥作用；他将充当国家和主权者之间的联系；他对公共人格发挥的作用，就有点儿像把灵魂和身体联合起来对人发挥作用一样。国家之所以需要政府，其理由就在于此。人们往往把政府和主权者混为一谈，实际上，政府只不过是主权者的执行人。

然则，什么是政府呢？政府是介于臣民和主权者之间使这两者互相沟通的中间体。它的任务是执行法律和维护自由，既维护社会的自由，也维护政治的自由。

这种中间体的成员称为行政官或“国王”，也就是说他们是执政者，而整个中间体则称为“君主”。*① 由此可见，有些人认为使人民服从首领的行为绝不是一项契约行为，这是很有道理的：因为这只不过是一种委派，一种任用；他们只不过是主权者任命的官吏，是以主权者的名义行使主权者托付给他们的权力的。主权者在高兴的时候，可以对托付给他们的权力加以限制、修改或收回。如果把这样一种权力转让给他人，那是同社会共同体的性质不相容的，是同结合的目的相违背的。

因此，我把行政权力的合法行使称为政府或最高行政；把负责这种行政的个人或团体称为君主或行政官。

正是在政府之中，存在着中间力量；中间力量的比率，就是全体对全体的比率，也就是主权者对国家的比率。我们可以用一个连比的两外项来表示主权者对国家的比率，而连比的中项就是政府。政府从主权者那里收到命令，然后向人民发布；而要使国家处于良好的平衡状态，就需要全都保持平衡，使政府自乘的乘积或幂与一方面既是主权者另一方面又是臣民的公民的乘积或幂相等。②

需要注意的是，只要我们改变这三项中的任何一项，就必然会立刻破坏这个比例。如果主权者想行使政府的职权，或者行政官

---

* 所以，在威尼斯，即使大公不出席的时候，人们也仍然称大议会为“尊贵的君主”。——作者

① 法文的“国王”(roi)来自拉丁文的 rex，意为“执政者”。卢梭在此处用“国王”这个词的目的，是提醒人们注意“执政者”与“主权者”的区别。用“君主”(prince)这个词指行政官的总体，则是卢梭特有的用法。——译者

② 这段话的意思，概括起来是：两外项(一方面既是主权者另一方面又是臣民的公民)的乘积等于两中项(政府)的乘积，即：主权者/政府＝政府/臣民，也就是：政府×政府＝主权者×臣民。——译者

想制定法律，或者臣民拒绝服从，则混乱就会代替规则，力量和意志就不再协调一致，国家就会解体，不是陷入专制主义，就是陷入无政府状态。总之，正如每一个连比中只有一个中项一样，一个国家之中也只能有一个可能的好政府。但是，由于千百种事件将改变一个民族的这些比率，所以，不仅不同的政府对不同的民族都可能是好政府，而且，不同的政府在不同的时代对同一个民族也可能是好政府。

为了使人们对于在两个外项之间起关键作用的比率有一个概念，我可以举一个最容易解释的比率即以人口的数目为例来说明这个问题。

假定一个国家是由一万名公民组成的；主权者是被集体地当作一个整体，而作为臣民的每一个个人则被看作是个体。这样，主权者对臣民就是一万比一，也就是说，每一个国家的成员的那一部分权力便只有主权权威的一万分之一，尽管他是完全服从主权。假如人民的数目是十万人，臣民的情况依然不变，这时候，虽然每个人都同等地担负着制定法律的职责，但他的表决权便缩小到只有十万分之一，对法律的制定的影响力便缩减到只有原来的十分之一。这时候，臣民依然还是一，而主权者的比率便随着公民人数的增加而增大。由此可见，国家愈扩大，自由便愈缩小。

我所说的比率增大，意思是说它将愈来愈不相等了。因此，在数学家看来比率是变大了，而在一般人看来比率却变小了，因为前者是根据数量来考虑比率的，是以商数来衡量的，而后者则是按相同性来考虑比率的，是以相似性来衡量的。

因此，个别意志对公意的比率愈小，也就是说风尚对法律的比率愈小，则控制力便应当加大；政府若要成为好政府，便应当随着人民人数的增多而相应地加强其力量。

另一方面，由于国家的扩大将使公共权力的受托者有更多的企图和方法滥用他们的权力，因此，当政府拥有更多的约束人民的力量的时候，主权者也应当拥有更多的力量约束政府。我在这里说的，不是绝对的力量，而是国家各部分的相对的力量。

从这一复比例中就可以看出：主权者、君主和人民之间的连比例，绝不是一种臆造的概念，而是政治共同体的性质必然产生的结果。另外，由于两个外项之一，即作为臣民的人民，是固定不变地为“一”，因此，每当这种复比增大或缩小的时候，单比也同样地增大或缩小，中项也就随之改变。由此可见，唯一的和绝对的政府体制是不存在的；有多少个大小不同的国家，便有多少种不同性质的政府。

如果有人嘲笑这种衡量方法，说什么要找到这种比例的中项和组成政府共同体，按照我在这里所说的，就只需求出人口数字的平方根就行了。如果这样来取笑我的话，我将回答说，我在这里只不过是以人口的数目作一个例子，而且我所说的比率，不仅是用人口数目来衡量，而且还一般地要用由许多原因造成的作用量来衡量。虽然我为了少用文字来解释我的意思，因而暂时借用了数学上的术语，但我并不是不知道数学的精确性在精神的数量中是不存在的。

政府是那个包括它在内的大政治体中的小政治体；它是一个具有一定能力的精神人格，既像主权者那样是主动的，又像国家那样是被动的，而且，我们还可以把它分解成其他相似的比率，从而产生新的比率，并按政府的等级产生另外的比例，这样一步一步地一直分解到一个不能再分的中项为止，也就是说，直到一个唯一的首领或最高行政官为止。这个首领或最高的行政官可以被看作是这个序列中分数级数和整数级数之间的“一”。

其实，我们用不着费脑筋去琢磨那么一大堆数学用语，只需把政府看作是国家中的一个新的政治体就行了：它与人民和主权者是截然有别的，它是这两者之间的中间体。

在这两个政治体之间有这样一个主要的区别，即：国家是以它自身而存在，而政府则是由主权者而存在，因此，君主的统治意志只能是而且也应当是执行公意或法律；他的力量只不过是集中在他身上的公共的力量而已。一当他想自行采取某种绝对的和独立的行为，则总体的联系便开始松弛，最后，如果君主具有了某种比主权者的意志更为活跃的个别意志，并使他手中掌握的公共力量服从他的个别意志，这时，可以说就会出现两个主权者：一个是权利上的主权者，一个是事实上的主权者。这样一来，社会的结合马上就会消失，政治共同体就会立即瓦解。

不过，为了使政府共同体有一个真实的存在，有一个使它与国家共同体截然有别的真正的生命；为了使它的全体成员都能协调一致，奔向它为之建立的目的，它就必须有一个单独的“我”，有一个为它的成员共有的意志，有一种力量，有一种为维护其存在的特有的意志。这种单独的存在，指的是它有权召开大会，召开行政会议，并有审议问题和解决问题的权力，有某些权利和头衔以及君主独有的特权，使行政官的地位随着他肩负的责任愈重大便愈显得尊荣。困难在于如何安排整体之中的这个下属，使它在建立它自己的体制的时候不至于改变总的体制,使它始终要明确区分用来保护它自己的存在的个别力量和用来保护国家的存在的公共力量。总之,它必须时时准备为了人民而牺牲政府,而不能为了政府而牺牲人民。

尽管政府是由另外一个人为的政治共同体所产生的人为的政治共同体,它在某种程度上只有一种假借的和从属的生命,但这并不妨碍它以或多或少的活力与明快的方式行事,并且可以说是享有一种或多或少的充沛精力的健康;总之,只要它不直接背离它建制的目的,它就可以根据组建的方式而或多或少地偏离这个目的。

政府对国家共同体应有的各种比率,正是从这些区别中按照国家本身会因之改变的种种偶然的和个别的比率而产生的。因为,如果这些比率按照它所从属的政治共同体的缺陷而改变的话,一个本身是最好的政府也往往会变成最坏的政府。

第二章 论不同的政府形式的建制原则

为了阐述这些区别的一般原因,在这里就需要像我在前面解释国家与主权者之间的区别那样,把君主和政府的区别详加解释。

行政官共同体可以由或多或少的成员组成。我们已经说过,人民的人数愈多,主权者对臣民的比率便愈大;根据同样明显的理由,我们也可以说政府对行政官的比率也是如此。

既然政府的全部力量始终是国家的力量,是不变的,那么,我们便可以得出结论说:它愈把这种力量消耗在它自己的成员身上,它剩下来用于全体人民的力量便愈少。

由此可见，行政官的人数愈多，政府便愈弱。由于这条准则是带根本性的，所以让我们多花些力气详细解释一下。

在行政官个人的身上，我们发现有三种本质不同的意志。首先是他个人固有的意志；这种意志倾向于维护他个人的利益。其次是行政官集体的意志；这种意志唯一无二地只关心君主的利益，我们可以称它为团体的意志；就其对政府的关系而言，是公共的；就其对国家(政府是国家的一部分)的关系而言，则是个别的。第三是人民的意志亦即主权者的意志；这种意志无论是对被看作是全体的国家而言，还是对被看作是全体的一部分的政府而言，都是公意。

在一个完善的立法体系里，个别意志或个人的意志等于零，是不起任何作用的；政府本身的意志完全是从属的，因此只有公意即主权者的意志始终占主导地位，是其他各种意志应当遵循的唯一标准。

然而，按照自然的秩序，情况却恰恰相反：在这些不同的意志中，哪个愈是能集中，哪个便愈趋活跃。因此，公意总是最弱的，团体的意志居第二位，个别的意志则占据这几种意志的首位，结果，政府的每个成员首先是他自己，然后是行政官，再往后才是公民，这和社会秩序要求的顺序正好完全相反。

把这一点说明之后，现在假定政府完全掌握在单独一个人的手里，这时，个别意志和团体意志便完全结合起来了，从而团体意志便达到了它可能达到的最大强度。由于力量的运用要取决于意志的强度，而政府的绝对权力又是永远不变的，因此，最活跃的政府是单独一个人执掌的政府。

反之，如果把政府和立法权合在一起，使主权者成为君主，有多少公民就有多少行政官，这时，和公意混合在一起的团体意志，不仅不会有比公意更多的活跃性，反而会让个别意志保留其全部力量，其结果，尽管政府仍然有它的绝对力量，但它相对的力量或活跃性，便处于最低程度。

这些比率是无可辩驳的，而且，从其他方面观察，也可证明这一点。例如，每一个行政官在行政官的集体里，总是比每个公民在公民的集体里更活跃的，因此，个别意志对政府行为的影响力总是比主权者的影响力大的。因为，每一个行政官几乎都在政府里担任某种职务，而每一个公民，个别地说，并不具有主权的任何职能，何况国家愈大，它的实际力量便愈增加，尽管不是按国家幅员的比例增加。但是，如果国家依然是原来那样大，行政官的人数即使增加的话，那也没有用，政府并不因此便获得更多的实际力量。因为这种实际力量就是国家的力量，这两者的大小永远是相等的，所以，政府的相对力量或活跃程度便趋于减少，而它的绝对力量或实际力量并不因此而增加。

还可以肯定的是，随着经手人员的增多，公务的处理反而愈慢。由于过分审慎，便不大重视时机，就会坐失良机；翻来覆去地考虑，往往会失去考虑的结果。

我已经论证了随着行政官人数的增多，政府的行动反而愈松弛。我在前面还论证了人民的数目愈多，抑制力便应愈加大。由此可见，行政官对政府的比率，应当与臣民对主权者的比率成反比，这就是说，国家愈大，政府便应愈紧缩，首领的数目应当随着人民人数的增加而按比例减少。

不过，我在这里论述的，只是政府的相对力量，而没有涉及它的正当性。因为，反过来说，行政官的人数愈多，则团体的意志便愈接近公意；而如果只有一个唯一的行政官的话，则团体的意志便必然是我在前面所说的个别意志。这样，人们一方面有所失，在另一方面便有所得。立法者的高明之处就在于如何使永远互成反比的政府的力量与政府的意志结合成一个最有利于国家的比率。

第三章 政府的分类

我们在前一章已经讲到了为什么政府的类别或形式是按组成政府的成员的人数来区分的，现在在本章，让我们来谈怎样对政府进行分类。

首先，主权者可以把政府的职权交给全体人民或交给大部分人民，从而使担任行政官的公民的人数比个别的单纯的公民的人数多；这种形式的政府称为“民主制”。

主权者也可以把政府只交给一小部分人掌管，从而使单纯的公民的人数比行政官多；这种形式的政府称为“贵族制”。

最后，主权者也可以把整个政府交给唯一无二的一个行政官手里，而所有的其他行政官都从他那里获取权力。这第三种形式是最常见的，称为“君主制”或王国政府。

应当指出，所有这几种形式，至少前两种形式，是可以或多或少地变动的，甚至还有相当大的变动幅度。因为民主制的行政官可以包括全体人民，或者缩小到半数人民；贵族制的行政官也可以从半数人民缩小到人数不定的极少数人；就连王位也可以按某种形式划分,斯巴达根据其宪法一直有两位国王,罗马帝国甚至同时有八个皇帝,人们也不因此就说罗马帝国分裂了。每一种政府形式和另一种政府形式总会在某一点上相混同,因此,名称虽然只有这三种,但实际上,国家有多少公民,政府就可能有多少种不同的形式。

另外,由于同一个政府在某些方面可以再细分为若干部分,这一部分按一种方式施政,另一部分按另一种方式施政,因此从这三种形式的结合中可以产生出许多混合形式,其中的每一种形式都可由这些简单的形式衍生出来。

每个时代的人们都在争论什么样的政府形式是最好的,而没有看到每一种形式在某种情况下都是最好的,而在另一种情况下又是最坏的。

如果说在不同的国家里,最高行政官的人数应当与公民的人数成反比,那么,一般地说,民主制适合于小国,贵族制适合于中等国家,而君主制则适合于大国。这条法则是立刻就可以从原则中得出来的。然而,面对那些可以产生许多例外的情况,又该怎么办呢?

第四章 论民主制

制定法律的人比谁都更清楚应当怎样执行和解释法律,因此就显得似乎是只有把行政权和立法权能够结合在一起的体制才可能是最好的体制。然而,正是这种情况使这个政府在某些方面感到能力不够,无法胜任其工作,因为应当加以区别的事物没有被区别开,君主和主权者是同一个人,因而可以说必然形成一种没有政府的政府。

由制定法律的人去执行法律,这是不好的;而人民共同体把他们的注意力从带普遍性的事物转向个别事物,这也是不好的。再没有什么事情比个人的利益在公共事务中发生影响更危险的了。而政府的滥用法律,与立法者的判断错误带来的危害相比,是小得多的,而判断错误又是个人的看法难以避免的后果。这时候,由于国家在本质上起了变化,因而一切改革都无法实施了。从来不钻政府行政缺陷的空子的人民,是不会滥用他们的独立自主的;一直是治理得很好的人民,是不需要被人统治的。

按照"民主制"这个词的严格意义来看,真正的民主制从来就没有过,而且将来也不会有。多数人统治而少数人被统治,这是违反自然秩序的;让人民经常不断地集合起来处理公共事务,这也是不可想象的,而且,我们很容易就可看出,如果因此而设立许多机构,其结果就不可能不改变行政的形式。

因此,我认为这是一条定则,即:如果政府的职权是分掌在许多人的手里的话,那么,少数人迟早会独揽大权的,因为,仅仅是为了处理事务方便起见,他们自然而然地就会这样做的。

何况这种政府还要具备许多难于全都齐备的条件啊!首先要有一个很小的国家[①],让人民很容易集合,使每个公民都能很容易地认识所有的公民;其次要有一种很纯朴的风尚,以免产生许多麻烦事和吵闹不休的争端;第三,在社会地位和财富方面大家都相当

① 在卢梭的心目中,最符合这一条件的,是城邦式的日内瓦共和国。——译者

平等，没有这方面的平等，权利和权力的平等就不能持久。最后，还很少有甚至根本没有奢侈，[①]因为奢侈是财富过多的结果，或者说，正是由于它，人们才去追求财富，因此，它既败坏了富人，也败坏了穷人：以占有欲败坏前者，以贪婪心败坏后者，使国家变得软弱和爱好虚荣，从而丧失它的全体公民，让一些人奴役另一些人，并使他们最后全都成为舆论的奴隶。

有一位著名的著述家之所以认为美德是共和国的原则，其道理就在于此[②]。因为，没有美德，所有的上述条件就不可能长久存在。不过，由于他没有做出这些必要的区分，这位伟大的天才往往立论不够确切，有时候还缺乏明晰，没有看到主权权威既然到处都是相同的，那么，一切体制美好的国家都将有同样的原则。当然，这或多或少地要随政府的形式而定。

此外，还需指出的是，没有任何一种政府是像民主制政府或人民的政府这样容易发生内战和内乱的了，因为，没有任何一种政府是像它那样强烈地倾向于不断改变形式，需要更多的警觉性和勇气来保持它自己的形式。在这种体制下，公民们尤其应当以勇气和力量来武装自己，在他们一生中天天都要在心里牢牢记住一位

---

① 在 18 世纪的法国，人们崇尚奢侈，甚至有不少政论家和文学家在这方面著书立说，加以鼓吹，其中尤以麦隆的《论商业》(1734)和伏尔泰的《世俗人》(1736)为当时的人们广为传诵。卢梭与他的同时代人相反，对奢侈之风屡加抨击，甚至在这里把力戒奢侈作为民主制度要求的条件之一。卢梭是一位政治哲学家和道德学家，他撰写《政治制度论》就是从道德伦理方面入手的。了解这一点，对深入探讨卢梭的政治思想的形成和发展是大有必要的。——译者

② 句中“著名的著述家”指孟德斯鸠。孟德斯鸠在《论法的精神》第 3 卷第 3 章中说：“在人民的国家里，还需要另外一种动力，那就是美德。”——译者

德高望重的侯爵[①]在波兰议会所说的这句话:“我甘冒危险也要自由,绝不愿为了安宁而受奴役。”

如果真有一种神的子民的话,他们是会按民主制来治理的,但是,这么完美的政府是不适合于人类的。[②]

第五章 论贵族制[③]

我们在这里有两种完全不同的精神人格,即政府与主权者,因此也有两种公意,一种是对全体公民而言,一种只是对政府的成员而言。尽管政府可以随它自己的意思制定其内部的政策,但它除非是以主权者的名义,也就是说除非以人民本身的名义,否则,是绝不能对人民发号施令的。这一点,它应当永远不要忘记。

最初的社会是按贵族制的方式来治理的,由各个家族的首领们来讨论公共事务,年轻人毫无怨言地服从有经验的人的权威,因此才有长老、老者、元老和尊长这些名称。北美洲的野蛮人直到今天还是这样来治理他们自己,而且治理得很好。

---

① 指波兰国王的父亲,即后来的洛林公爵斯坦尼斯拉斯·勒辛斯基(1677—1766)。——译者

② 有些人根据这段话,就认为卢梭不赞成民主制。这种看法,是一种误解。因为卢梭在本章的论述,只是从民主制“这个词的严格意义”来说的。民主制作为一种政府形式是难于实现的,但这并不意味着作为一种政治制度也是不能实现的。恰恰相反,在卢梭的心目中,唯有民主制才是唯一合法的政治制度,因为它完全是建立在公意的基础之上的。请参见本卷第12章和第15章卢梭关于古罗马人和古希腊人直接参加国家政务的叙述。——译者

③ “贵族制”是政治学上关于国家政治体制分类的一个用语。卢梭在《社会契约论》中也使用这个词,但词中的“贵族”二字没有人们通常所说的公爵、侯爵和皇家或王室成员的意思。——译者

但是，随着制度所造成的不平等打破了自然的不平等，财富和权势*比年龄更受到尊重，因此贵族制便改为由选举产生；最后，由于权势随着财产可以由父亲传给儿子，因而便形成了世家，从而使政府成为世袭的，以致有些人年仅二十岁就当上“元老”了。

因此有三种贵族制，即：自然形成的、选举产生的和世袭的。第一种只适合于最纯朴的民族，第三种是所有一切政府之中最坏的，第二种是最好的，是按严格意义说来的贵族制。

第二种贵族制，除了可以区分两种权力这一优点以外，它还有可以选择其成员这个优点；因为在人民的政府中，所有的公民生来就是行政官。而在这种贵族制中，行政官只有一小部分人，而且是由选举产生的**；通过这个办法，就可选出行端品正、有见识、有经验和有其他为公众敬重的才能的人，因为这几项优点是治理好国家的新的保证。

还有，集会更方便，对事务的讨论更详细，办事更快捷和有条理；受人尊敬的元老们比一群不为人知或受人轻视的人对外更有威信。

总之，最好的和最自然的秩序是由最贤明的人来治理群众，只要能确定他们治理群众的目的是为了群众的利益而不是为了他们

* 很显然，古人所说的 Optimates，并不是指“最好的”，而是指“最有权势的”。——作者

** 非常重要的是，必须用法律规定选举行政官的办法，因为，如果把这件事情完全听凭君主的意志办理的话，就不可避免地要陷入世袭贵族制：威尼斯和伯尔尼这两个共和国就是这样重蹈覆辙的。威尼斯共和国早就成了一个解体的国家了，而伯尔尼共和国由于其元老院极其明智，所以才得以保存下来。这一例外，是很光荣的，但也是很危险的。——作者

自己的利益。切不可徒劳无益地增加办事机构,也不可用两万人去做只需一百个经过挑选的人就能做得更好的事情。不过,应当指出:共同体[①]由于其利益攸关,在这里便开始更少地按照公意的要求去指导公共的力量了,而且,另外有一个不可避免的倾向又会夺走法律的一部分执行力量。

还需指出的是,一个国家的幅员不能太小,人民不能太率直和单纯,以致法律的执行可以像好的民主制国家那样直接由公意决定。不过,国家也不能太大,以致首领们必须分散到各地去治理,从而让每个首领都把主权者的权力带一部分到他那个地区去,以致逐渐逐渐地开始自行其是,最后变成了主人。

在德行方面,虽说贵族制的要求不像民主制那么多,但它也需要一些它理应具备的德行,例如富人要节制,穷人要知足,因为绝对的平等在这里似乎是不适宜的,甚至在斯巴达也没有做到绝对平等。

此外,虽说在这种形式下会出现某些按财富的多寡来选人的现象,但一般地说,那也只是为了把公共事务的处理交给那些能把自己的时间用来更好地办理公务的人,而不是像亚里士多德说的富人总是占优势。反之,更重要的是,用对比的方法选择人,有时候会使人领悟到:在人的选择方面,应当侧重于他的才德而不要侧重于他的财富。

---

① 指政府共同体。——译者

第六章 论君主制[①]

在此以前，我们一直是把君主看作是一个由法律的力量结合而成的精神的和集体的人格，是国家权力的受托者。现在让我们来研究这种权力是怎样集中在一个自然人——一个真实的人——的手里的。有权按照法律来行使这种权力的人，只有他一个；这个人，人们称之为君主或国王。

在其他形式的政府里，是由一个集体人格来代表一个个人，而这种政府却与之相反，是由一个人来代表一个集体人格，从而使构成君主的那种精神上的统一，同时也是身体上的统一，把法律在其他政府里要花许多力气才能集中的职能自然而然地都集中起来了。

这样，人民的意志、君主的意志、国家的公共力量和政府的个别力量，全都受这同一个动力的支配，机器的全部发条全都由同一个人的手操作，全都奔向同一个目标，没有互相抵消的对立的运动。人们不可能想象出还有什么机制是像它这样以一点儿力量就能产生最大的作用了。阿基米德[②]安安详详地坐在海边，轻松自如地引领着一条行驶在海上的大船，在我看来，阿基米德的形象正好

① 在这里，我们要重温一下卢梭在本书第二卷第六章中对“一切合法的政府都是共和制”这句话所加的脚注。在这个脚注里，卢梭指的是理论上的君主制，即“不和主权者混为一谈的”君主制，而本章论述的则是事实上的君主制，例如法国的君主制。在卢梭看来，法国的君主制是压迫人民的专制政府。——译者

② 阿基米德(公元前 287—前 212)，古希腊科学家，杠杆定律的发现者。他说：“给我一个支点，我就可以撬起整个地球。”——译者

是一个手腕高强的君主的写照:君主坐在他的宫中治理着他那庞大的国家:他指挥一切,而他自己却好像是安然不动似的。

如果说没有任何其他形式的政府比君主制政府有更多的活力的话,我们同样可以说没有任何一种个别意志是比君主的意志具有更强大的控制力和更容易推动其他力量奔向同一个目标。的确是这样的;不过,这个目标不是公众的福祉,而且,政府的这种力量的运用反而是一直不停地在损害着国家。

各国的君主都想成为绝对的,而人们远远地大声告诉他们:要做一个绝对的国王,最好的办法是使自己受到人民的爱戴。这条法则很好,而且在某些方面是很有道理的。然而,不幸的是,它在各国的王宫中却受到嘲笑。来自人民的爱戴的力量无疑是比其他力量大的,但它是不稳定的,而且是有条件的;从来没有任何一个君主对之感到过满足,就连最好的国王都想大施淫威,永远做人民的主人。政治说教者枉自对国王们说什么人民的力量就是他们的力量,国王的最大利益是人民繁荣昌盛和力量强大;然而国王们非常清楚:这不是真的。因为,国王的个人利益,首先在于把人民弄得很软弱,很贫穷,永远不能抗拒国王。我承认,假定人民永远是完全服从的,这时候,国王的利益是要使人民强大,使人民的力量成为国王的力量,使国王能威震四方;但是,由于这种利益是次要的和从属的,而且这两个假定是互不相容的,因此自然而然地君主就会遵循最有利于他们自己的原则了。撒母耳对希伯来人一再强调的,就是这一点;[①]这也是马基雅维里非常清楚地证实了的。马

① 见《圣经·旧约全书·撒母耳记(上)》第8章。——译者

基雅维里表面上好像是在给国王上课，但实际上他是在对人民上大课：他的《君主论》是共和党人的教科书。*

我们从一般的比率就可看出，君主制只适合于大国，而且，从君主制本身来看，也可证明这一点。公共行政机关的人数愈多，君主对臣民的比率便愈小，而且愈接近于相等，因而在民主制中这个比率为"1"或者说完全相等，但随着政府的收缩，这个比率便加大。当政府是掌握在单独一个人手里时，这个比率就达到了它的极限。这时候，我们发现君主与人民的距离太大，以致国家缺乏联系。为了建立联系，就需要经过许多层次，就需要王公、大臣和贵族来充实这些层次。然而这一切都不适合于一个小国。这么多层层叠叠的官员会把一个小国压垮的。

要把一个大国治理好，那是很困难的；尤其是由单独一个人来治理，那就更难了。如果由国王派代理人去治理，其后果如何，这是大家都知道的。

有一个不可避免的根本缺点，使君主制政府始终不如共和制政府。这个缺点是：在共和制政府中，公众推举到重要岗位的，几乎都是精明能干的人，这些人都能很光荣地履行他们的职责，而在

---

* 马基雅维里无疑是一个很诚实的人，是一个好公民，但由于他依附于梅第奇家族[①]，所以不得不在他的国家遭受压迫的情况下，把他对自由的爱伪装起来。他以那样一个可诅咒的人[②]作他书中的主人翁，这就十分清楚地表明了他的秘密意图；而他在《君主论》中的论点与他在《李维论》和《佛罗伦萨史》中的论点相矛盾，也表明这位深刻的政论家的读者们至今都是一些浅薄的或头脑昏庸的人。罗马的宫廷之所以下令严禁他这本书，我认为，是因为他书中详细描写的是罗马宫廷。——作者

① 梅第奇家族，15 到 18 世纪一直左右佛罗伦萨政局的大家族。——译者

② 指瓦棱廷公爵凯撒·波尔加(1475—1507)，他诡计多端，曾试图在意大利中部建立一个大公国。——译者

君主制政府中，窃据高位的，往往是一群摇唇鼓舌的卑鄙小人和卑鄙的骗子与阴谋家。他们凭他们的那点小聪明而位列朝臣，而一登上了要津，便暴露出他们原本是无能之辈。在官员的选择方面，人民是比君主少犯错误的。在君主制中，有真才实学的人担任大臣的事例为数之少，就如同在共和制中把一个傻瓜选为政府首脑那样十分罕见。所以，如果由于某种机缘而使一个天生的治国人物[①]在一个被一群徒有虚名的官员搞得几乎百孔千疮的王国里执掌国政的话，他治国的办法之多，将使人们大为吃惊：他将为这个国家开辟一个新时代。[②]

一个君主制国家若想治理得很好，它的大小或者说它的幅员就要随统治这个国家的人的才能而定。征服一个国家，是比治理一个国家容易得多的。有一根足够长的杠杆，就只需用一个手指头就能动摇整个地球，而要把它扛起来，那就需要赫居里士[③]的肩膀了。一个国家即使很小，但拿一个君主和它相比，君主总还是很渺小的。反之，如果真有一个国家在它的首领看来是太小了，不够他的才能的施展，但是，就算他有天大的本事（这是很少见的），他也治理不好这个国家，因为，总想开疆辟土和大展鸿图的首领，往往忘记人民的利益。由于把他过多的才能滥加使用，其结果，他使人民遭的殃，并不比一个才具有限的首领使人民遭的殃少。因此

① 在卢梭的心目中，这个“人物”是先后担任过外交大臣、陆军大臣和海军大臣的舒瓦瑟尔公爵（1719—1785）。——译者

② 这段话，本来是称赞舒瓦瑟尔的，但因为没有明确指明是称赞谁，故而遭到舒瓦瑟尔的误解，以为卢梭是以吹捧他人的手法暗中讥讽他，从此便对卢梭抱有很大的敌意。关于这段故事，请参见卢梭《忏悔录》第11卷中的详细记述。——译者

③ 赫居里士，希腊神话故事中的大力神。——译者

我们可以这样说：一个王国每换一个新王，都应当按当朝国王本领的大小而扩大或收缩。反之，一个元老院的本领是比较固定的，国家的疆界也是稳定的，所以政府的施政就不会变得太坏。

个人专制的政府的最大的不利之处，是缺少其他两种形式的政府所具有的那种连续不断的继承性。一个国王逝世了，就需要有另外一个国王；若举行选举的话，选举期间就会出现危险的政务中断，会引起大风暴。除非公民们都大公无私，团结一致（这是这种政府难以指望的），否则，就一定会有人乘机搞阴谋和徇私舞弊。要求一个贿买国家官职的人不倒手出卖这个国家，不从弱者身上捞回强者向他勒索的钱财，那是很难的。在这样一个政府里，一切事情或迟或早都会变成金钱交易。在国王治下享受的和平，会变得比王位空缺时候的混乱还糟糕得多。

在防止这种弊病方面，人们采取过什么措施呢？人们把王位固定由某几个家族世袭，并规定了一种继承的顺序，以免在老国王驾崩之后发生争议，这就是说，以一人暂时摄政的种种不便来代替选举的不便，宁要表面的平静而不要贤明的行政，甘冒把一个小孩或一个恶魔或一个白痴捧上王座的风险，而不愿在选举好国王的事情上发生争论。人们没有考虑到在冒这种二者取一的风险的时候，几乎使一切都不利于自己了。当老丹尼斯谴责小丹尼斯做了不光彩的事情时说："我给你做过这种榜样吗？"小丹尼斯回答说："啊！可是你的父亲不是国王呀。"小丹尼斯的这句话是说得很有道理的。

当一个人上升到指挥他人的地位时，一切都来竞相剥夺他的正义感和理性。据说，人们花了许多力气想把治国的艺术教给年轻的君主，然而，这种教育似乎没有使他们获得什么教益。其实，应当首先教给他们的是服从的艺术。历史上著名的伟大的国君都不曾受过什么如何进行统治的教育。统治是这样一门学问：学得太多，反而掌握得愈少，反倒是在服从他人的过程中比在指挥他人的过程中学到的东西更多。“辨别好与坏的最可靠的办法是问你自己：如果当国王的是别人而不是你，你愿意要什么或不要什么。”*

这样一种缺乏连贯性的一个后果是：王国政府的政策很不稳定；它将随着掌管这个政府的君主或者替他掌管这个政府的人的性格而变化，有时实行这种办法，有时又实行另一种办法，没有一个长远的目标，也没有一个一贯的行为方式，变来变去，结果使国家动荡不定，朝令夕改，今天的政策，明天就变了样。而在其他形式的政府里，君主始终是同一的，所以这种变化就不会发生。我们可以这样一般地说：宫廷里玩弄阴谋诡计的人多，元老院里才智出众的人多，而在共和国，由于人们的观点比较稳定，而且大家都遵循这种观点，所以总是向着自己的目标前进。反之，王国政府的内阁每发生一次大变动，就会在国内引起一场大动荡，因为所有的大臣以及几乎所有的国王都奉行这样一个法则：在任何事情上都要采取与前任相反的政策。

从这种不连贯性中还可以看出，那些拥护君主制的政论家们的诡辩是何等荒谬：他们不但把国政比作家政，把君主比作家长（这种错误的比法，我们已经批驳过了①），而且还任意美化这位行

---

* 塔西佗：《历史》，第1卷。——作者

① 见本书第一卷第二章。——译者

政官，说他具有他所需要的种种才能，说君主真的是他应当的那个样子。按照他们的这种说法，王国政府显然比任何其他形式的政府更为可取，因为它无可辩驳地是最强有力的政府，而且，如果不是因为它缺少一个更符合公意的团体意志的话，它还是最好的政府呢。

柏拉图说，天资过人的国王是一个极其稀罕的人物。* 如果柏拉图的这种说法能成立的话，那我们就要问：天资和机遇要多么巧合才能给他戴上王冠呢？还有，既然王室的教育必然会败坏接受这种教育的人，那么，我们对这种为统治他人而受教育的人，还能指望他们做好事吗？可见柏拉图的说法是故意把王国政府和一个好国王的政府混为一谈。为了看清楚这种政府的本身，只需看它们在昏庸无道的君主统治下的所作所为就够了，因为他们在即位时就是昏庸无道的；即使他们本来不昏庸无道，王位也会使他们变得昏庸无道。

这些难题并没有逃过我们的著述家们[①]的眼睛。但他们并不感到这有什么难解决的。他们说，解决的办法是：毫无怨言地服从[②]；上帝之所以给我们派来坏国王，是因为上帝震怒了，因此我们应当把这看作是上天的惩罚而忍受。这种说法当然能感化世人，但我不知道是否把它拿到神坛上去讲比在一本政治书上讲更合适。如果一位医生一再夸口能起死回生，但其医术只不过是让

---

* 见柏拉图：《政治篇》。——作者

① 指格老秀斯、霍布斯和博絮埃等拥护君主专制的理论家。——译者

② 博絮埃在他的《从〈圣经〉中摘录的政治理论》中说："对于君主的暴政，臣民们只能虔敬地呈献谏书而不能反抗或口出怨言。"——译者

病人耐心等待，对于这样的医生，我们应怎样评说呢？我当然知道，遇上了坏政府，我们只好忍受，但问题在于要如何才能找到一个好政府。

第七章 论混合政府

严格说来，从来就没有过单一的政府。一个独一无二的首领也必须有下级行政官，而人民政府也必须有一个首领。可见，在行政权力的划分上，总是有从数目较多到数目较少的级差的。不同的是：有时候是多数依附于少数，有时候是少数依附于多数。

有时候这种划分是平等的，推究其原因。或者是由于组成政府的各个部分是互相依赖的，例如英国政府那样；或者是由于每一部分的权力是独立的但是是不完备的，例如波兰就是这样。这后一种形式很糟糕，因为政府内部没有统一性，因而使国家缺乏联系。

哪一种政府形式是最好的呢？是单一的政府最好呢，还是混合的政府最好？这个问题在政治学界争论得很厉害。对于这个问题，我的回答同我在前面论述各种不同形式的政府时是一样的。[①]

单一的政府本身是最好的，它之所以好，就好在它是单一的。但是，当行政权力对立法权力的依附不是很大的时候，也就是说，当君主对主权者的比率大于人民对君主的比率时，就需要对政府进行划分，才能弥补这种比例上的失调，因为这时候，政府的各个

---

① 见本卷第三章。——译者

部分对臣民的权威虽没有减少,但它们的划分即使合在一起也不如主权者强大。

人们还可以设置一些中层行政官,以防止这种不便;这种行政官并不损害政府的完整,而只是用来平衡两种权力和保持他们相应的权利。在这种情况下,政府就不是混合的,而是有节制的。

我们可以用类似的方法来防止与此相反的不便:当政府太松弛的时候,就设立专门的机构使之集中化;所有的人民政府都是这样做的。在前一种情况下,人们划分政府的目的是使之削弱,而后一种情况则是使之加强。因为强力的极限与软弱的极限[①]在单一政府中都存在,而在混合政府中则有一种适中的力量。

第八章 论没有任何一种政府形式适合于一切国家

"自由"并不是任何一种地带的气候都能结出的果实,因此,它也不是所有各国的人民都能得到的。我们愈是思考孟德斯鸠的这个看法[②],愈感到他的看法是对的;愈反驳它,反而愈能找到新的证据证明它。

在世界各国的政府中,官府里的人都只消费而不生产。他们

① 着重号是原有的。——译者

② 孟德斯鸠在他的《论法的精神》中整整用了四章(第 14 至 17 章)来讨论法律和气候的关系。卢梭在这里所说的这段话的意思,见第 17 章《政治奴役的法律和气候的性质的关系》。(见孟德斯鸠:《论法的精神》,张雁深译,商务印书馆 1982 年版,第 273 页)——译者

消费的东西是从哪里来的？来自国家成员们的劳动。正是个人的剩余，提供了官府的所需。由此可见，只有在人们的劳动收获超过他们自身需要的时候，政治状态才能存在。

然而，并不是每个国家的剩余都是相同的。有些国家的剩余相当多，另一些国家的剩余则微不足道，还有一些国家一点也没有，甚至在有些国家还是负数。这一比率，取决于气候的好坏、土地要求的劳动的种类、物产的性质、居民的力量和他们自己的消费量的多少，以及这一比率所赖以构成的许多其他类似的比率。

另一方面，各种政府的性质也不一样，它们的胃口有大也有小，其间的差别是由另外一条法则决定的，即：公众所交纳的税距离它们的来源愈远，则负担便愈重。衡量这种负担的尺度，不是看交税的数量，而是看所交的税返回到原纳税人手里所必须经过的路程，如果这一流转的过程又便捷又规定得好，则纳税多一点或少一点都没有关系，人民总是富足的，财政也总是良好的。反之，即使交的税很少，但如果这一点点税永远也回不到他们手里，则一交再交，人民不久就会身无分文的，这样，国家既不能富起来，人民也将永远一贫如洗。

由此可见，人民与政府的距离愈大，则赋税的负担便愈重：在民主制下，人民的负担最轻；在贵族制下，负担就比较大了；而在君主制下，人民的负担是最重的。因此，君主制只适合于富国，贵族制适合于在财富和版图方面都适中的国家，而民主制则适合于又小又穷的国家。

的确，我们愈是思考这个问题，便愈是发现这就是自由的国家与君主制国家之间的差别。在前一种国家中，取之于众也用之于众;而在后一种国家中,公共的力量与个人的力量是互为消长的:一个总想削弱另一个来扩大自己。所以,专制的目的不是为了使人民幸福而统治臣民,而是为了使他们贫穷困苦才便于统治。

在每一种气候条件下,我们都可以根据自然因素来确定气候的力量迫使人们采取的政府形式,甚至还可以确定它应当有什么样的居民。土地贫瘠不毛之地的出产抵不上花费的劳动,这样的土地就应当听其荒废,不加耕种,或者让野人去居住。在人们劳动的收获恰好够居民之所需的土地,就由野蛮民族去居住;在这种地方,想按政治的法则去治理,是不可能的。而劳动收获的剩余不多的地方,则适宜于自由的民族去居住。土地肥沃只需少量劳动就能收获大量产品的地方,则可采用君主制来治理,让君主们的奢侈去消耗臣民过多的剩余产品,因为,让政府去吸收这种剩余,是比让个人浪费为好的。我知道也有例外的情形,但是,这些例外情形的本身就证实了这条法则,因为它们或迟或早都将引起革命,从而使事物又回到自然的秩序。

我们应当经常把一般规律与个别的原因加以区别,因为个别的原因只能影响一般规律的结果。即使南方都是共和国,而北方全是专制国,这也不能因此就说这条规律不是真理,即:由于气候的作用,专制制度适宜于气候炎热的国家,野蛮的办法适合于气候寒冷的地区,良好的政治管理方法适合于温带地区。我发现,有些人虽赞同这条规律,但在这条规律的应用方面持有异议。他们说,在寒冷的地方也有良田,在南方也有不毛之地。但是,这种情况只是对那些不从事物的各种关系去观察事物的人才是难题,因为,正如我在前面已经说过的,还必须计算一下劳动、力量与消费等的比率。

现在假定两块土地的面积一般大,其中一块土地的产量为5,另一块为10。如果前一块土地的居民的消费量为4,后一块土地的居民的消费量为9,则前一块土地产品的剩余为1/5,而后一块土地产品的剩余则为1/10。由于这两者剩余产品的数量与生产数量的比率为反比,因此,产量为5的那块土地的剩余量就比产量为10的剩余量多出一倍。

不过,这并不只是一个产量多一倍的问题,我也不相信有人会把寒冷地方的肥沃程度与热带地方的肥沃程度全都看作是相等的。而且,就算是完全相等,如果人们愿意的话,就让我们拿英国同西西里比一比,拿波兰同埃及比一比;再往南就是非洲与印度群岛,再往北就什么也没有了。只看这种产量上的相等,难道就不观察一下耕作方法的不同吗?在西西里,人们只需松松土就可以了,而在英国,却要花多大的力气精耕细作啊!在需要更多的劳动力才能获得同等产量的地方,它剩余的产品必然是更少的。

此外,还需考虑到在炎热地区同等数量的人的消耗量是较少的。气候使他们必须饮食有节才能保持健康。欧洲人到了热带地方,如果也像在他们自己国家那样生活的话,那是一定会死于痢疾和消化不良的。沙尔丹[①]说:“同亚洲人相比,我们简直是肉食动物,是狼。有些人说波斯人之所以节制饮食,是由于他们的土地耕

① 沙尔丹(1643—1713),法国旅行家;他的《波斯和东印度群岛游记》(1711)在欧洲享有盛名,孟德斯鸠和伏尔泰都常引用这部著作。——译者

作不足。而我的看法却相反;我认为,他们国家的粮食之所以不那么多,是因为居民们对粮食的需要比较少。”沙尔丹还说:“如果他们的节食是由于土地歉收的话,那就只有穷人才吃得少,而不会大家都吃得少。而且,每个省的人是吃得多还是吃得少,就应当按照土地的肥沃程度而定,而不会全王国的人都同样那么节制饮食。波斯人对他们的生活方式感到骄傲。他们说:只需看他们脸上的气色就知道他们的生活方式比基督徒的生活方式好得多。的确,波斯人的面色一直是很匀净的,皮肤也很美,又细嫩又光滑;反之,他们的属民,那些按照欧洲人的生活方式生活的亚美尼亚人的面孔就很粗糙,且多粉刺,身躯又十分臃肿。”

愈接近赤道,人们吃得便愈少;他们几乎不吃肉,他们常吃的食品是:大米、玉米、高粱、黍和木薯。在东印度群岛,有许许多多人每天在饮食方面花的钱不到一个苏。就是在欧洲,我们发现,南方人和北方人的食量的差别也很大,一个德国人的一顿晚餐,足够一个西班牙人吃一个星期。在人们贪吃的国家里,他们的筵宴也很奢侈:在英国,满桌子都是肉食,而在意大利,主人用来款待客人的,大多是甜食和鲜花。

衣着上的奢侈,也有类似的差别。在季节的变化又快又猛烈的地区,人们穿得就更好和更简单。在穿衣只是为了装饰的地方,衣服就讲究鲜艳而不重实用。在这些地方,衣服本身就是一种奢侈品。在那不勒斯,你天天都可见到在波西里普山上闲逛的人上身穿的都是花花绿绿的衣服,但脚上却不穿袜子。在住房方面也是这样。当人们不担心气候的变化会伤害人的身体时,就讲究住房要气派、要漂亮。在巴黎，在伦敦，人们的房屋讲究温暖和舒适；在马德里，人们的客厅固然漂亮，但房间的窗子却没有一扇是可以关得严严实实的；他们睡觉的地方，简直就像耗子窝。

在气候炎热的国家，食物的营养丰富，味道鲜美。这是第三个差别，而且这一差别还对第二个差别产生一定的影响。在意大利，人们为什么爱吃蔬菜？因为意大利的蔬菜营养丰富，味道鲜美；而在法国是用水浇灌蔬菜的，因此蔬菜没有多少营养，在饭桌上几乎没有人吃，但种蔬菜的土地并不少，种菜的力气也没有少花。这是事实：巴巴里一带的小麦虽然不如法国好，但磨出的面粉却比法国小麦多；而法国的小麦磨出的粉又比北方的小麦多。我们因此可以推断：从赤道到北极，一般都存在着这种依次递减的情况。产量相等而粮食却较少，这难道不是一个显而易见的不利之处吗？

除了这几种差别以外，我再补充一个差别。这个差别是从以上几个差别中推导出来的，而且还反过来加强了以上的差别。气候炎热的国家所需要的居民比气候寒冷的国家少，而能养活的居民却比气候寒冷的国家多。这就使专制制度国家能获得加倍的剩余产品。同等数量的居民占据的土地的面积愈大，想发动叛乱便愈困难，因为企图暴乱的人们不可能那么迅速和那么秘密地集中行动，政府很容易发现他们的阴谋，切断他们的交通；而人口多的国家的人民愈聚集在一起，政府就愈不能侵犯主权者的权利。首领们[①]在他们的密室中策划，同君主们在内阁商讨是一样的安全。群众在广场汇集之迅速，同军队在军营中集合是一样的，而在这方面暴君的政府所占的便宜是能远距离行动。由于它有许多补给点，所以它的军队的力量可以像杠杆的力量那样随长度而增强*。反之，人民的力量只有集中起来才能行动；一分散开，就会被消灭，同火药散落在地上只能星星点点地着火是一样的。因此，人口愈稀疏的国家，便愈适合于暴君的统治：猛兽只能在荒野中称雄。

第九章　论一个好政府的标志

如果有人一定要问我哪一种政府是最好的政府，那他提出的这个问题就是无法解答的，而且意思也是不明确的。不过，我们可以这样说：人民在绝对的和相对的地位中有多少种可能结合的形式，这个问题就有多少种好的答案。

但是，如果人们问我根据什么标志就能判断某个国家的人民是治理得好还是治理得不好，这就是另一回事情了。这是一个事实问题，这个事实问题是可以解决的。

不过，这个问题也很难解决，因为每个人都想按自己的方式解决。臣民们希望公众平安，公民们则要求个人自由；一个宁愿财产有保障，而另一个则宁愿人身有保障；一个认为最好的政府是最严厉的政府，而另一个则认为是最温和的政府；一个主张惩罚犯罪，而另一个则主张预防犯罪；一个认为为邻国所畏惧是好事，而另一

---

① 指试图发动暴乱的人民的首领。——译者

* 这同我在前面第二卷第九章对大国的不利条件的论述并不矛盾。因为我在那里讲的是政府对它的成员的权威，而在这里讲的是它的军队镇压臣民的力量。它那些分散在各地的成员是它可以用做远距离镇压臣民的补给站，但它想对这些成员本身直接采取行动，就没有这种支撑点了。因此，在一种情况下杠杆过长将成为政府的弱点，而在另一种情况下则将加大政府的力量。——作者

个则喜欢最好是不为人知；一个巴不得日进斗金，而另一个最大的愿望是有饭吃。即使对这几点或其他类似之点，大家的看法都一致了，是不是因此就解决了问题呢？何况精神的数量是没有精确的衡量尺度的；即使在标志的问题上能达成一致，而在精神的数量的估计方面，又如何达成一致呢？

至于我，我很吃惊，有那么一个简单的标志为什么一直没有人看出来，或者说，人们为什么一直怀疑而不赞同。政治结合的目的是什么？政治结合的目的是为了保护其成员，并使他们繁荣昌盛；而他们的生活不但得到了保护而且很幸福的最可靠的标志是什么呢？是他们人口的数目，因此，不要到别处去寻找这个争论不休的标志了。假定所有其他条件都是相等的，一个政府，如果人民生活在其治理之下，不靠外来移民，不靠归化，不靠殖民，而能人丁兴旺，人数大增，那么，这个政府就是最好的政府；反之，如果在它的治理之下人口减少而衰败，那么，这个政府就是最坏的政府。统计学家们，现在是你们的事情了：你们去计算、衡量和比较吧。*

---

* 就人类的繁荣昌盛而论，我们也应当根据这同一个原则来判断哪些时代是最值得我们称道的时代。有些人太夸赞文学和艺术繁荣的时代，而不深入研究文学和艺术繁荣的秘密目的，不考虑它们带来的灾难性后果。“只有傻瓜才把奴役的开始看作是在发展文化”[①]，大家须知：那些书中的嘉言隽语是卑鄙的个人利益促使作者们说的。这一点，人们怎么看不出来呢？不，不管他们怎么说，一个国家不论它多么繁荣，只要它的人口一天天减少，它就不会真的是一切都好。即使一位诗人的年收入有十万利弗尔，那也不能说明他所处的时代是古往今来的最好的时代。要少看表面的安适，少看领袖们的从容，而应当多注意观察整个民族的福祉。尤其是在那些人口最多的国家里，冰雹虽然摧毁几个州县，但它很少造成饥馑；暴乱和内战虽吓坏了首领们，但不会给人民带来真正的痛苦，它们甚至可以使人民松一口气，要过一段时间之后他们才知道往后又由谁来实施暴政。只有人们的经常状态才会产生真正的繁荣或真正的灾

第十章 论政府的滥用职权及其蜕化的倾向

由于个别意志总是不断地违反公意，所以政府一直是在不断地努力对主权进行抵制，这种努力愈加强，则体制的改变就愈多。由于这里没有任何团体意志能与君主的意志相抗衡，因此迟早总有一天君主会对主权者进行压制，并破坏社会公约。这一不可避免的固有的弊病，从政治共同体诞生之时起，就一直不停地趋向于摧毁政治体，同衰老和死亡终将摧毁人的身体是一样的。

一个政府的蜕化，通常有两个途径，即：政府的收缩，或者国家的解体。

当政府由许多成员过渡到很少的成员的时候，也就是说，由民

难。当一切都被枷锁压垮的时候，大家全都会走向灭亡。这时候，首领们就可以大施淫威，肆意荼毒人民了。“他们把哪里弄成一片废墟，他们就说哪里是一片宁静。”[②] 当大人物们的纷争震荡着法兰西王国的时候，当巴黎的副主教怀揣匕首去出席国会的时候，这也未曾妨碍法国人民在自由安适的环境中人口繁衍，生活得很幸福。昔日的希腊正是在残酷的战争年代里日趋繁荣的，那时，尽管到处血流成河，但全国还是人口众多。马基雅维里说：“看来，我们的共和国[③]正是在烧杀、流放和内战中强大起来的。”[④] 公民们的美德，他们的风尚和独立性，在增强国力方面所起的作用，比一切争端在削弱国力方面所起的作用大得多。只需一点儿震荡就能拨动心灵的心弦：真正能使人民繁荣昌盛的，不是和平，而是自由。——作者

① 见塔西佗：《历史·阿格里科拉传》，第 21 章。——译者

② 同前，第 31 章。——译者。

③ 指佛罗伦萨。——译者

④ 见马基雅维里：《佛罗伦萨史·序言》。——译者

主制过渡到贵族制、由贵族制过渡到国王当政的时候，政府便会收缩；这是政府的自然倾向。* 如果它由少数倒退到多数，我们就可以说它是松弛了。不过，这种逆转的情形是不可能发生的。

* 威尼斯共和国在海湾中缓慢的形成过程和发展，就是这种过程的显著的例子；而令人吃惊的是，时间已经过去了一千二百年，威尼斯人似乎还停留在1198年大议会关闭之后开始的第二阶段。至于人们所斥责的古代的大公，无论《威尼斯自由论》[①]是怎么说的，大公都不是他们的主权者。这一点，已经是有人确证了的。

不免有人会反驳我说，罗马共和国经历的过程却恰恰相反，他们是由君主制过渡到贵族制，并由贵族制过渡到民主制。我却不这么认为。

罗慕洛斯起初创立的是一个混合政府，但不久就蜕变为专制政府。由于好几个特殊的原因，国家过早地灭亡了，如同一个新生的孩子还没有长大成人就死了。塔尔干王朝被逐之后，才真正开始了共和国的诞生。但它在开始的时候并没有一个稳定的形式，因为它没有废除贵族阶级，所以只完成了事业的一半。由于采取了这种方式，所以世袭的贵族制（这是合法的政府制度中最坏的一种制度）便经常与民主制发生冲突，因而政府的形式一直摇摆不定，正如马基雅维里所论证的，一直到设立了保民官的时候，政府的形式才固定下来。只是在这个时候才有一个真正的政府和一个真正的民主制。的确，那时候的人民不仅仅是主权者，而且还担任行政官和法官，而元老院只不过是他们下属的一个行政机构，用以缓冲或加强政府的施政；至于执政官，他们本身虽然都是贵族，虽然都是首席行政官，虽然在战时是绝对的统帅，但在罗马却只不过是替人民主管某个部门的官员而已。

然而自此以后，罗马政府便循着它自然的倾向而加速走向贵族制。贵族阶级好像是自动消灭了，贵族制已不再像在威尼斯和热那亚那样存在于贵族共同体之内，而是存在于由贵族和平民组成的元老院共同体内，甚至在保民官开始篡夺主权的时候，还存在于保民官共同体之内。其实，当政的人被称作什么，是无所谓的；当人民有了为他们治理国事的首领时，不论这些首领被称作什么，都是贵族制。

由于贵族制的滥用权力，于是便产生了一系列内战和三头政治[②]，苏拉、尤里乌斯·恺撒和奥古斯都[③]三人已经事实上成了真正的国君；最后在提贝留乌斯[④]的专制统治下，国家解体了。可见，罗马的历史不但没有证明我讲的原则不对，反而肯定了我讲的原则是正确的。——作者实际上，一个政府是只有在它的活力已经用尽，已经衰弱到不能再维持其形式的时候，才改变其形式。但是，如果政府在已经松弛的情况下还要扩充的话，它的力量便会立刻化为乌有，它的存在便更难于维持；这时，就需要按照它的力量消失的程度加以补充和紧缩，否则，它所治理的国家就会土崩瓦解。

国家解体的情况，可以通过两种方式出现。

第一种是君主不再按照法律治理国家，而且篡夺了主权者的权力。这时就产生了这样一个重大的变化：不是政府在收缩，而是国家在收缩。我的意思是说：大国解体了，而在大国之中形成了另外一个纯粹是由政府成员组成的国家。这个国家，对于人民来说，就是他们的主人，他们的暴君。因此，从政府篡夺了主权之时起，社会公约便被破坏了，全体普通公民便当然地又恢复了他们天然的自由。这时候，他们之所以还服从政府，是迫不得已，而不是因为有服从的义务。

当政府的成员分别篡夺了他们只能集体行使的权力时，也会

---

① 《威尼斯自由论》是 1612 年出版的一本未署作者名字的小册子，书中鼓吹罗马帝国的皇帝对威尼斯共和国拥有统治权。——译者

② 在罗马共和国后期，出现了两次由三人分掌政权的“三头政治”。第一次大约在公元前 60 年，由庞培、恺撒和克拉苏斯三人分掌政权，史称“前三头政治”；第二次约在公元前 43 年，由奥古斯都、安东尼和李必达三人分掌政权，史称“后三头政治”。——译者

③ 苏拉（公元前 138—前 78），罗马政治家和将军；尤里乌斯·恺撒（公元前 100—前 44），罗马“前三头政治”中野心最大的人物，后来成了罗马的独裁者；奥古斯都（公元前 63—前 14），罗马“后三头政治”中最有谋略的政治家，后来大权独揽，成了罗马帝国的第一个皇帝。——译者

④ 提贝留乌斯（公元前 14—公元 37），罗马帝国第二个皇帝，竭力推行奥古斯都制定的专制制度。——译者

出现这种情况；这也是一种违法行为，而且还会造成更大的混乱。这时候，我们可以说，有多少行政官，就有多少君主，而国家的分裂也不亚于政府；它不是走向灭亡，就是改变形式。

当国家解体的时候，政府的滥用职权（无论是以什么方式滥用职权）都通称为无政府状态；与此不同的是，民主制就蜕化为群氓制，贵族制就蜕化为寡头制。我还要补充一点，那就是：王政就蜕化为暴君制。[①]不过，最后这个词的意思模糊不清，需要加以解释。

在通常的意义上，一个用暴力进行统治并蔑视正义与法律的国王，称为暴君；而在严格的意义上，“暴君”一词是指一个本身没有权利行使王权但窃取了王权的人。希腊人对“暴君”一词的理解就是这样的。一个君主，不论他是好是坏，只要他的权力是不合法的，希腊人都称之为暴君[*]；“暴君”和“篡权者”是两个意思完全相同的同义语。

为了使不同的事物有不同的名称，我把篡夺王权的人称为“暴君”，把篡夺主权权力的人称为“专制主”。暴君是一个虽干预法律但是是按法律进行统治的人，而专制主则是把自己置于法律本身之上的人。可见，暴君不一定是专制主，而专制主则必然是暴君。

---

① 句中的这四个词的着重号是原有的。——译者

* “凡是在一个自由的城邦里终身掌权的人，就称为‘暴君’。”（科·尼波斯[②]：《米提阿底斯传》，第 8 章）是的，亚里士多德说“暴君”与“国王”是有区别的：前者是为自己的利益而统治，而后者纯粹是为了臣民的利益而统治（见《尼各马可伦理学》，卷 8，第 10 章）。不过，所有希腊的著述家都按照另外一种意义来使用这个词，尤其是色诺芬[③]的《希罗》就是这样的。根据亚里士多德所做的区别来看，我们可以说，自从开天辟地以来，世界上就没有出现过一个国王。——作者

② 尼波斯（公元前 99—前 24），罗马史学家。——译者

③ 色诺芬（公元前 430—前 355），希腊史学家，他的《希罗》是一本记述古叙拉古暴君希罗第一与一位哲学家对话的史学著作。——译者

第十一章 论政治体的死亡

即使是体制最好的政府,也有此自然的和不可避免的结局。连斯巴达和罗马[①]都灭亡了,还有哪个国家能永世长存呢?虽然我们想建立一个持久的制度,但切不可妄想使它永远存在。想把事情做成功,这是可以的,但绝不可试图做根本不可能的事,也不要以为能使人的作品具有人间的事物所不可能达到的坚固性。

政治体同人的身体一样,从它诞生之时起就开始走向灭亡,而且它本身就存在摧毁它自己的原因。不过,这两者都具有一种或多或少的健康因素,足以使它们能存在一个或长或短的时期。人的肌体是大自然的作品,而国家则是人工做的产品。人的寿命长短,不由人决定,但国家的寿命则可由人给它一个尽可能好的建制,使它能存在一个尽可能长的时期。体制最好的国家也是要灭亡的,但是,只要没有什么意外的事件使它夭折,它是可以比别的国家多存在一些时间的。

政治体的生命的原动力,存在于主权权威;立法权是国家的心

① 卢梭大约在1751—1753年之间写了一篇《斯巴达和罗马这两个共和国的比较》(见《卢梭散文选》,李平沤译,百花文艺出版社1995年版,第265—272页)对这两个共和国作了很有趣的分析和描述。他在这篇短文的结语中说:"把这两个共和国放在一起研究的好处是:我们可以看到,尽管它们都没有达到它们本可达到的十全十美的境地,但它们的缺点并不相同,互相都具有对方所没有的优点。把它们的坏处一加比较,就可找到补救的良方。因此,根据事实而作的这一番比较,使我们看到了最好的政府的形象,看到了前所未有的大智大勇的人民。"——译者

脏，行政权是国家的大脑，大脑指挥各部分的活动。大脑可能瘫痪，但人可依然活着。一个人尽管是白痴，但他总是活着的。然而，心脏一旦停止跳动，任何动物都会死的。

国家的生存，绝不是靠法律，而是靠立法权。过去的法律虽不能约束现在，但我们可以把沉默看作是默认；把主权者未废除的法律看作是主权者依然认定它是有效的，可以继续行使的。凡是主权者想做的事，一经他公开宣布，只要他没有撤销，就表明他想把事情圆满办成。

人们为什么那么尊重古老的法律，就是为的这个缘故。人们认为，古老的法律之所以能保持如此长久，正是由于古代人的一切想法都是很好的。如果当时的主权者不继续不断地承认那些法律是良好的，他们早就把它们废除了。在一个体制良好的国家里，法律之所以没有衰弱，而且反而不断地获得新的力量，其原因就在于此。古代的判例，使那些法律日益受人尊重，反之，哪里的法律因历时已久而削弱，便表明哪里不再有立法权威，国家已不再有生命力了。

第十二章　怎样保持主权权威

主权者只有立法权而无其他的权力，因此只能依靠法律来行动；而法律又只不过是公意的明确体现，所以，只有在人民全都集合起来的时候，主权者才能行动。人们也许会说：把人民全都集合起来！这简直是在说梦话！这在今天虽然是办不到的梦吃,可是两千年前却不是办不到的。难道说人的天性改变了吗?

精神事物中的可能性的界限,是不像人们想象的那么狭隘的。是我们的弱点、我们的恶习和我们的偏见把它束缚住了。心灵卑鄙的人是不相信伟大的人物的;卑贱的奴隶露出一副讥讽的样子嘲笑“自由”这个词儿。

现在让我们用已经有过的事情来论证我们可能做到的事情。我不谈古希腊共和国;在我看来罗马共和国是一个伟大的国家,罗马是一个伟大的城市。最后一次人口统计数字表明罗马城中武装的公民有四十万;最后一次人口普查表明这个泱泱大国的公民人数超过了四百万,还不包括属民、外邦人、妇女、儿童和奴隶在内。

不难想象,要把首都及其周围的那么多人经常集合在一起,这是多么困难啊!然而事实是:罗马的人民很少有一连几个星期不集会的,甚至还多次集会。他们不仅行使主权,而且还行使政府的一部分权利。他们处理事务,审理某些案件,聚集在广场上的全体人民几乎既是行政官同时又是公民。

只要回顾一下各民族的早期的历史,我们就可发现,大部分古代的政府,甚至像马其顿人和法兰克人那样的君主制政府,也有类似的会议。不管怎么说,单单这一无可辩驳的事实就足以用来回答一切难题了。根据曾经有过的事情来推论可能办到的事情,我认为这个办法很好。

第十三章　怎样保持主权权威(续)

虽然集会在一起的人民批准了一套法律,从而规定了国家的体制,但这还不够。他们建立了一个永久性的政府或者一劳永逸地把行政官都选举出来了,这也不够。除了因意外的情况而举行的特别会议以外,他们还需要举行绝对不能取消或延期的固定的和按期举行的集会,以便人民在规定的日子可以按照法律合法地举行会议,而不需要经过任何其他的召集手续。

除了这些按照规定的日期举行的法定的集会以外,一切其他不是由负有这种责任的行政官按照规定的程序召集的人民集会都是不合法的;在这种集会上决定的一切,都是无效的,因为召集会议的命令,其本身就应当是按照法律发出的。

至于合法集会的次数的多少,这要根据许多因素来考虑。这一点,是无法明确规定的。我们只能这样一般地说:政府愈有力量,则主权者便愈应经常集会表示自己的意见。

也许有人会说,这些办法对只有单独一个城市的国家来说是好的,但是,如果一个国家是由几个城市构成的,那怎么办呢?是划分主权好呢,还是把主权集中由一个城市单独行使,而让其他城市都听它的?

我的回答是:既不用前一个办法,也不用后一个办法。首先,主权权威只有一个,如果划分它,就不能不摧毁它。其次,一个城市同一个国家一样,是绝不可由法律规定听命于另一个城市,因为政治的实质就在于服从与自由两者的协调一致;而“臣民”与“主权者”这两个词是互相关联的同义语[①]，这两者的意思结合成单独一个词，称为“公民”。

我还认为，把几个城市集合成一个单独的城市，这总归是一件坏事。而且，在试图把它们集合的时候，切不可自以为可以避免许多天然的不利之处；绝不可以用大国的滥用权力为例子来反对那些主张国家要小的人。然而，要怎样才能使小国有足够的力量抵抗大国呢？[②] 按照从前的希腊城市抵抗大王[③]的办法，就行了；按照晚近的荷兰与瑞士抵抗奥地利王朝的做法办，就行了。

如果不能把一个国家缩小到适当的疆界以内，那么，我们还有另外一个办法，那就是：率性不要“首都”，让政府轮流在每一个城市办公，轮流在每个城市召集全国会议。

让人民均匀地分布在全国各地，让他们在全国各地都能享受同样的权利和富足的生活。这样做，国家就可发展得最强盛并治理得尽可能好。人们始终要记住：各个城市的围墙全都是由破破烂烂的乡村房屋构成的。每当我在首都看见修建一座宫殿时，我就认为人们终将把整个国家变成一片废墟。

---

① 参见本书第二卷第一和第二章。——译者

② 对这个问题的解答，参见本卷第十五章末尾一段及卢梭对这段话所加的脚注。——译者

③ 指波希战争时期的波斯国王大流士一世(公元前 522—前 486 在位)。——译者

第十四章 怎样保持主权权威(续)

当人民合法地集会而成为集体的主权者时,政府的一切权能便完全中止,行政权也停止行使;最渺小的公民的身份也和首席执政官的身份是同样的神圣不可侵犯的,因为在被代表的人出现的地方就不能再有代表了。[①] 罗马的人民大会里发生的骚乱,大部分都是由于不知道或者忽视了这一法则引起的。这时候的执政官只不过是替人民主管某一部门的官员,保民官只不过是普通的议长*,而元老院则什么也不是。

在中断期间,君主要承认而且必须承认他有一个实际的上级。对他来说,这是很可怕的。人民的这些集会,是保护政治共同体和约束政府的一种方法,因此在任何时候都使首领们感到恐惧。他们总是挖空心思千方百计地进行阻挠,力图使人民无法集会。这时候,如果公民们舍不得花时间和力气,懒懒散散,宁要安适而不爱自由,他们就不可能长期抵抗政府的这种图谋。于是,政府的抵制力便不停地增加,而主权权威最终必将丧失:大部分城邦就是这样过早地覆亡的。

---

① 人们也许对卢梭的这段话感到惊诧,但实际上,他在这里的论点与前面几章的论点是一致的。他在这里所说的"被代表的人",指的是"主权者";而"代表"一词则是指政府。请参见卢梭在下一章(第十五章)中的这段论述:"法律所表达的是公意,因此很显然,人民的立法权的行使是不能由他人代表的,而行政权就可以,而且也应当由他人行使,因为行政权只不过是按法律运用的力量而已。"——译者

* 这个词的意思,同英国议会中使用这个词的意思差不多。由于职能上的相似,因此使执政官与保民官经常发生冲突,尽管两者的权能此时已经中止。——作者

不过，在主权权威与专断的政府之间有时候会出现一种中间力量；这一点，应当详细讲一讲。

第十五章 论议员或代表

一旦为公众服务不再成为公民心目中的主要事情，一旦他们宁肯花钱雇人而不愿自己亲自花力气去服务，则国家便接近于毁灭了。要去打仗吗？他们可以出钱雇兵，而自己待在家里。要去开会吗？他们可以推选议员，而自己待在家里。由于懒惰和金钱的缘故，结果是：他们养兵来奴役祖国，养代表来使祖国大受其害。

由于商业和工艺搅得人心浮躁，由于人们唯利是图、疏懒和贪图安逸，因而使人的亲手服务变成了用金钱雇人替自己去服务。人们宁肯花钱，为的是使自己能轻轻松松地去挣更多的钱。殊不知花钱的结果是：不久就会使自己受到奴役。“钱财”这个词是奴隶的用语；在城邦里是没有这个词的。在一个真正自由的国家里，公民们做任何事情都是亲手做，没有任何一件事情是要花钱的。他们不仅不用金钱去免除自己的义务，反而是既花钱又还要亲手去尽自己的义务。我对一般人的看法实在不赞成，不过，我认为劳役比赋税更不违反自由。

国家的体制愈好，公众的事情在公民们的心里便愈重于私人的事情；私人的事情甚至是很少的，因为公众共同的幸福在很大的程度上就包括了每个人的个人幸福，因此他不需要再去寻求什么特殊的关照了。在一个治理得很好的城邦里，大家都争先恐后地去参加集会，而在坏政府的治理下，谁也不愿意挪动身子去参加。因为会上的事情，谁也不关心；人们早就料到公意在会上是不会占优势的，与其去参加这种会，还不如关心自己家里的事为好。从良好的法律中会产生更好的法律，从坏法律中必然会产生更坏的法律。一旦当人们一提到国家的事情就说："这与我有什么关系？"我们就可断定国家即将灭亡了。

爱国心的淡薄，个人利益的膨胀，国家的庞大，对邻国的征战和政府的滥用职权，这一切，不言而喻，就是导致国家的议会里之所以有议员或代表的原因。在某些国家里，人们竟公然称他们为"第三等级"。这样，就把其他两个等级的个人利益放在了第一位和第二位，而公众利益就只能占第三位。

同主权是不可转让的道理一样，主权也是不能由他人代表的。主权实质上就是公意，而意志是绝对不能由他人代表的。它要么是自己的意志，否则就是别人的意志，中间的意志是没有的。人民的议员不是而且也不可能是人民的代表；他们只不过是人民的办事员罢了，在任何事情上都没有最后决定之权。任何法律，不经过人民的亲自批准，都是无效的，都不能成为一项法律。英国的人民以为他们是自由的；他们简直是大错特错了。实际上，他们只是在选举议员期间才是自由的；议员一选出，英国的人民就成奴隶了，就什么也不是了。在他们短暂的自由的时间里，他们对自由的使用办法，正适足以使他们失去自由。

"代表"这个词儿是近代才有的；它来自封建政府，来自那种使人类受到屈辱并使"人"这个名称丧失其尊严的既罪恶又荒谬的政府制度。[1] 在古代的共和国里,甚至在古代的君主国里,人民从来没有过代表,他们根本就没有这个词儿。非常奇怪的是,在罗马,保民官尽管是那么神圣,但人们从来没有想象过他们会篡夺人民的权能,而他们在那么广大的人群中也从未想过对他们的首领地位进行一次全民投票。从格拉古[2]时代发生的事情就可看出,人数太多有时候会造成很大的麻烦:当时有一部分公民不得不到屋顶上去投票。

在权利和自由受到普遍尊重的地方,不方便是不算一回事情的;明智的人民会以适当的办法来处理一切:他们可以让他们的随从去做保民官不敢做的事,他们不担心他们派遣的随从会以他们的代表自居。

为了说明保民官有时候怎样代表人民,只需想象一下政府是怎样代表主权者就够了。法律所表达的是公意,因此很显然,人民的立法权的行使,是不能由他人代表的,而行政权就可以,而且也应当由他人行使,因为行政权只不过是按法律运用的力量而已。由此可见,如果仔细研究一下的话,我们就可看出,真正按法律行事的国家是很少的。不管怎么说,可以肯定的是,保民官既然没有任何行政权力,他就不能以他担负的职务赋予他的权利而代表罗马人民,除非他篡夺了元老院的权力。

在希腊人那里,凡是人民应当做的事,他们会主动去做的。他们经常在广场上集会。他们居住之地的气候很温和,他们没有贪

---

① 法文的 homme(人)一词,在法国封建时代有时候做"家臣"或"手下人"解,因此卢梭在这里说"罪恶而又荒谬的政府制度"使"人"这个名称丧失了尊严。——译者

② 格拉古(公元前 162—前 133),罗马共和国保民官。——译者

心,奴隶们为他们劳动;他们关心的大事是保持自由。没有这些便利的条件,怎能保有同样的权利呢?你们住的地方气候比较严酷。因而有更多的生活需要;* 一年当中有六个月无法让你们在广场上集会;你们闷声闷气讲的话,在露天是很难让人听懂的。你们关心你们的收入更胜于关心你们的自由;你们怕贫穷而不怕受人奴役。

什么!难道自由要靠奴隶制来维持吗?也许是的;是两个极端会合在一起了。一切不是出自自然的事物,都有其不便之处,而文明社会比其他事物就更有其不便之处。的确有这样糟糕的情况:不牺牲他人的自由,就不能保持自己的自由;不使奴隶们彻底做奴隶,公民们就不可能完全自由。斯巴达的情况就是如此。至于你们这些现代的人,你们虽然没有奴隶,但你们自己就是奴隶。你们以你们的自由去偿付他们的自由。你们别再吹嘘你们的这种做法了。我发现你们的这种做法是源于你们的怯懦而不是因为你们有仁厚之心。

我这番话的意思绝不是说人们非有奴隶不可,更不是说奴隶制是合法的;我在前面已经论证了恰好与此相反。我的意思只不过是在阐明为什么自以为自由的现代人要有代表而古代人却不需要有代表的原因。总之,一个国家的人民只要一选出了代表,他们就不再自由了,他们就无足轻重了。

从方方面面仔细研究之后,我认为,只要城邦不是非常之小,

---

* 在气候寒冷的国家,如果像东方人那样奢侈和懒散的话,这无异于给自己带上枷锁。我们比东方人更易于染上这两种毛病。——作者

主权者今后在我们中间就不可能保持他们权利的行使。不过，如果城邦真的是非常之小的话，它岂不会被人征服吗？不会的。我将在以后*阐明怎样把一个大国人民的对外力量与一个小国的良好政策和良好秩序结合在一起。

第十六章　论政府的创建绝不是一项契约[②]

立法权一旦确立之后，就应当随之确定行政权，因为行政权只能以个别的行为来运用。行政权不属于立法权的本质，因此同立法权是天然地分离的。如果主权者被认为既然是主权者，因而便具有行政权力的话，就会使权力和事实混淆不清，以致人们很难分别哪些是法律，哪些不是法律。于是，这种变了质的政治体不久就会成为暴力的猎获物，虽然它建立的目的为的就是反对暴力。

---

* 这是我打算在本书的后续部分谈论的问题，因为我在探讨对外关系时，必然会探讨联邦[①]，这是一个崭新的问题，它的原则还有待于确定。——作者

① 卢梭在他的《爱弥儿》第5卷中插入一篇《社会契约论》的撮要；关于联邦和联盟这个"崭新的问题"，他说："我们要研究：要医治这些弊病，是不是可以采取联盟和联邦的办法，让每一个国家对内自主，对外以武装去抵抗一切强暴的侵略。我们要研究怎样才能建立一个良好的联盟，怎样才能使这种联盟维持久远，怎样才能使联盟的权利尽量扩大而又不损害各国的主权。"（卢梭：《爱弥儿》，李平沤译，商务印书馆2007年版，第717页）——译者

② 第十六、十七和十八章自成一个单元，论述政府的建立。人们也许会感到奇怪，不知道卢梭为什么把有关这个问题的论述放在第三卷的末尾，因为从叙述的顺序上看，这个问题似乎应该在前面论述了各种政府形式的建制原则和分类以后就紧接着叙述的。但是，一细心阅读就可看出，卢梭之所以直到本卷结束时才谈到这个问题，是有他的目的的，他的目的是，在论述了政府的建立（第十六和十七章）之后，马上就把问题的要害转移到如何防止政府篡夺主权权力（第十八章）。这一点，是本卷的中心思想；把它放在卷末作为全卷的结论，意在提请人们特别注意。——译者

按照社会契约，全体公民都是平等的，所以，凡是大家都应当做的事，就应由大家来规定；没有任何人有权要别人去做他自己不愿做的事。主权者在创立政府的时候，授予君主的就是这种为了使政治体能够存在与行动而不可或缺的权利。

有些人认为，[①]创立政府的行为是人民与他们自己给自己加在头上的首领之间的一项契约，说什么正是按照这种契约，才得以规定双方应当遵守的条件，即一方有权发号施令，而另一方必须服从。但我认为，这样一种订约的方式，真是太奇怪了！现在让我们来看他们的见解是否站得住脚。

首先，最高权威是不能转让的，也是不能改动的。如果限制它，那就必然会摧毁它。说主权者给自己头上加上一个上级，这个话是很荒谬的，也是矛盾的；自己使自己有服从一个主人的义务，这就使自己恢复了完全的自由。[②]

其次，很显然，人民同这个人或那个人订的契约，是一种个别行为，因此这种契约不能成为法律，也不是一种主权行为，因此是不合法的。

我们还可以看出：订约的双方都是处于唯一的自然法之下的，

① 卢梭的《社会契约论》问世以前的著述家，尤其是中世纪的政论家，几乎全都把社会公约界说为一项“服从的公约”，即臣民服从君主，君主按照公共的福祉治理国家。这种看法到18世纪已成为“普遍的意见”，为大家所接受。但卢梭不这么认为。1753年他在《论人与人之间不平等的起因和基础》中说：“关于一切政府的基本契约的性质，是尚待探讨的问题，因此我今天暂不谈它。”（卢梭：《论人与人之间不平等的起因和基础》，李平沤译，商务印书馆2007年版，第109页）九年以后，即1762年，他在《社会契约论》出版时，便向公众宣告：他1753年暂不谈论的问题已经有了明确的结论，那就是他在本章的标题所说的：“政府的创建绝不是一项契约”行为。——译者

② “完全的自由”即在自然状态下的自由。——译者

对他们互相承担的义务是没有任何保证的。这无论怎么说，都是与政治状态相违背的。由于手中有权的人始终是执行契约的主人，因此，这样一种缔约行为，就等于是硬要一个人对另一个人说“我把我所有的一切都给你，条件是：你愿意还给我多少就还给我多少。”

一个国家只能有一个契约，那就是结合的契约。有了这个契约，就不能再有任何其他的契约。我们无法想象任何另外一个公共契约不会破坏最初的契约。

第十七章　论政府的创建

我们应当按照什么思路来设想创建政府的行为呢？我首先要指出：这一行为是一种复合行为，或者说，是由其他两种行为构成的，即：法律的制定与法律的执行。

前一种行为是：由主权者规定按照这样或那样的形式[①]建立一个政府共同体。很显然，这种行为是一项法律。

后一种行为是：人民任命掌管所建立的政府的首领。不过，这一任命是一种个别行为，所以不是另一项法律，而仅仅是前一项法律的结果，是政府的一种职能。

困难在于如何理解在政府成立之前人民怎么能够有一种政府行为；而人民既然只能是主权者或臣民，他们何以能在某种情况下

① 这里的“形式”指政府的形式，即：或者按民主制，或者按贵族制，或者按君主制或混合的政府形式。——译者

成为君主或行政官。

正是在这一点上显示了政治体能调和表面上互相矛盾的活动的令人惊异的功能之一。这个功能是由主权猝然转化成民主制而完成的,其间没有任何明显的变化,只不过是由于另外一种全体对全体的新的关系,公民就变成了行政官,从而就可以由采取普遍的行为过渡到采取个别的行为,由制定法律过渡到执行法律。

这种关系上的转变,绝不是没有实际例证的主观推论。在英国的国会里天天都有这种情形:下议院在某些情况下为了更好地讨论事务便转变成全院委员会。前一瞬间还是主权的议院,一下子就变成了一个普通的委员会,而且还接着就向下议院即向它自己提出它在全院委员会上所议定的方案,并在另一种名义下重新讨论它所决定的事情。

通过一次简单的公意行为就可在事实上建立政府,这是民主政府固有的便利。此后,这个临时的政府,或者是继续执政(如果这就是它决定采取的形式的话),或者是以主权者的名义建立一个符合法律规定的政府;这一切都是按规则行事的。此外,就不可能有任何其他合法的方式可以建立政府,而又不违背前面确定的原则。

第十八章 防止政府篡权的方法

从以上的阐述中,我们就可得出与第十六章的阐述完全一致的结论,即:创建政府的行为,绝不是一项契约,而是一项法律。行政权力的受托者不是人民的主人,而是人民任命的官吏;只要人民愿意，人民既可以委任他们，也可以撤换他们。对官吏们来说，不是什么订约的问题，而是服从的问题。在承担国家交给他们的职务时，他们只不过是在尽自己作为公民的义务，而没有以任何方式谈论条件的权利。

即使人民建立的是一个世袭政府，无论是由一个家族世袭的君主制政府，还是由某个等级的公民世袭的贵族制政府，都不是一种协定，而只是人民赋予政府的一种临时的形式，在人民下令更换另一种形式时，这种临时的形式便告终止。

是的，这样的改变是很危险的，因此，除非到了政府已经变得和公众的利益不相容的时候，就千万别去触动已经确立的政府。不过，这种慎重的考虑，是一种政治法则，而不是一种权利的规定。国家不能把政治权威全都交给它的首领，其理由，同不能把军权全都交给将军是一样的。

同样真实的是，在相似的情况下，人们是不可能非常细心地按照各种必要的程序区别哪些是正常的和合法的行为，哪些是叛乱者的骚动；哪些是全体人民的意志，哪些是派系的叫嚣，尤其是在这时候人民又不能拒绝把严格按照权利的规定应当给予的东西给予那个居心叵测的人，因此，正是由于人民有这种义务，君主才占了很大的便宜，可以不顾人民的反对而依然保持其权力，人民还不能说他是篡权。因为君主可以假行使自己的权利之名，行扩大自己权利之实，并以公众的安宁为借口，禁止那些旨在重建良好秩序的集会，甚至钳制舆论，弄得全国万马齐喑，而且还故意挑起事端，却反过来说那些被吓得噤若寒蝉的人是拥护他，并对那些敢于讲话的人进行惩罚。罗马的十人会议就是这样干的：他们当选的任期原来只有一年，后来又延长一年，最后干脆不允许人民大会集会，试图永远掌握权力。世界各国的政府一旦被授予了公共权力，便或迟或早都将采用这种简便的方法篡夺主权权威。

我在前面说的那种定期集会，正可用来防止或推迟这种弊端，尤其是在人民不需要有正式召开大会手续的时候。因为在这个时候，如果君主加以阻止的话，就不能不表明他是在公开破坏法律，是国家的公敌。

以维护社会公约为目的集会，一开始就应当提出两个绝对不能取消，并且必须分别投票表决的提案。

第一个提案是：主权者是否同意保持现在的政府形式。

第二个提案是：人民是否赞成让现在主政的人继续当政。①

我在这里有一个假设，即：我已经阐明了在国家中没有任何一种基本法是不能被废除的，甚至社会公约也可以废除，因为，如果全体公民集会，一致同意废除这个公约的话，这个公约就无疑是应当依法废除的。格老秀斯甚至认为每个人都可以退出他是其中一分子的国家，从而恢复他天然的自由，并在离开那个国家的时候带走他的财产*。可见，如果集合在一起的全体公民不能做他们每个人都能分别做的事，那就太荒谬了。

---

① 这两段话中的着重号是原有的。——译者

* 很显然，每个人都不能为了逃避他的义务而离开他的国家；都不能在祖国需要他服务的时候而不为祖国服务。这样逃避，是有罪的，是应受惩罚的。这不是退出，而是背叛。——作者

第 四 卷

第一章 论公意是不可摧毁的[①]

只要若干人集合成一个整体，他们在维护共同的生存和公共的幸福方面，就只能有一个意志。这时候，国家的一切活力都是很强劲的。它的宗旨是明确的，没有任何利益是互相冲突的，到处洋溢着欢乐的气氛。只要稍加留心就可看出人们是很幸福的。和平、团结和平等是与政治上的尔虞我诈不相容的。正直和朴实的人们正是由于他们的单纯，反而不容易受欺骗。诱惑和花言巧语休想引他们上钩，他们甚至精明到还不足以当傻瓜呢。当我们在人民最幸福的国家里看见一群群的农民聚集在橡树下非常明智地讨论国事时，我们对其他国家中的那种故弄玄虚的做法能不感到可笑吗？他们装模作样，把一切都弄得很神秘，结果使他们自己声名狼藉，苦不堪言。

一个治理得很好的国家，是只需要很少的法律的，而在有必要

---

① 关于"公意"，卢梭在第二卷第一至四章中已经论述过了。他之所以在本卷的开头再次谈论这个问题，是为了在第三卷和第四卷之间有一段承前启后的文字，把第三卷第十七章(《论政府的创建》)和第十八章(《防止政府篡权的方法》)与本卷第二至七章的论述衔接起来，前后呼应，更好地阐发本卷所要阐发的主题：如何充分地表达和体现公意，以保证国家的政治秩序得到维系。——译者

颁布新的法律时,这种必要性早已普遍为人们看出来了。第一个提出那些法律的人,只不过是说出了其他人已经感到的情况罢了。只要他确信别人也会像他那样做,这时候,把每个人都已决定要做的事形成法律,是不需玩弄手腕和多费唇舌就能使法律得到通过的。

有些理论家的错误在于:他们看到一个国家在诞生之时治理得很坏,便很痛苦地认为,要想在这个国家也这样做,是根本不可能的。他们一相情愿地以为让一个手段高明的骗子或一个能说会道的说客到巴黎或伦敦就能说服人民相信他们的那套谬论。他们既不知道克伦威尔若是到了伯尔尼,就立刻会被人民关进铃铛牢;[①]他们也不知道波佛公爵若是到了日内瓦,就立刻会被收进教养院严加管教。[②]

当社会的纽带开始松弛和国家开始衰弱的时候,当个人的利益开始占上风和小社会开始影响大社会的时候,公共的利益就会发生变化,就会遇到与之对立的利益,人民的声音就不能形成一致,公意就不是全体的意志,于是就会出现矛盾,人们就会聚讼纷纭,争吵不休,最好的意见不经过一番争论,也是得不到采纳的。

最后,当国家濒于崩溃,只能以一种残破不堪的形式苟存的时候,当社会的纽带在所有人的心中都断裂的时候,当卑鄙的私利厚

① 克伦威尔(1599—1658),英国政治家,一个大独裁者,1653 年自封为“护国公”。伯尔尼的苦役监狱,老百姓称它为“铃铛牢”,因为被判处苦役的犯人被带到牢外做苦役时,脖子上系几个小铃铛,以引起人们的注意。——译者

② 波佛公爵(1616—1669),法王昂利四世之孙,1648—1653 年法国投石党暴乱时的首领之一。日内瓦的“教养院”是专门为收留不听管教的孩子而设立的。——译者

颜无耻地披上神圣的公共福利的外衣的时候，公意就沉默了。每一个人都在心中打他自己的小算盘，谁也不像公民那样发表意见了，好像国家从来就没有存在过似的。不仅如此，而且，有些人还假冒法律的名义来通过种种不公正的规章，以取得个人的私利。

公意是不是因此就消失或败坏了呢？不，没有。公意始终是牢固的，不可败坏的；它永远是纯洁的，只不过屈居于另外一些现在比它更强烈的意志之下罢了。实际上，尽管每个人都想使他个人的利益脱离共同的利益，但他发现，他根本不能把它们彻底分开，何况与他终将获得的独有的好处相比，他所分担的那一部分公共的负担，就算不得什么了。除了这种独有的好处以外，从他个人的利益出发，他同其他人一样，也是非常希望大家都幸福的。即使为了金钱而出卖了他那一投票，他也没有使他心中的公意完全消失；他只是回避了公意而已。他的错误在于改变了问题的状态。对于别人向他提出的问题，他所答非所问，以致他投票的时候心中所考虑的不是“这对国家有利”，而是希望“通过某个意见，以便对某个个人或某个党派有利。”于是，集会中的公共秩序的法则就不是在会上维护公意，而是使公意遭到质疑，并由它来做出回答。

我本想在这里详细谈一下主权行为中的投票权。这个权利，是谁也不能从公民手中夺走的。此外，我还想谈一谈发言权、提案权、分议权和讨论权等：这些权利，政府总是想让它自己的成员享有。但是，这些重要的问题，是需要另外写一篇文章来讨论的，所以我无法把它们全都安排在这里讲。

第二章　论投票

我们从上一章就可看出：对公共事务的态度，是显示道德风尚的实际情况和政治体的好坏的一个相当可靠的标志。集会上的气氛愈是和谐，也就是说大家的意见愈趋于一致，则公意便愈占上风；反之，长时间的争论不休，意见分歧，甚至吵吵嚷嚷，便表明个人的利益在大肆活动，国家在走下坡路。

当国家的体制中有两个或更多等级的时候，则上面所说的情形就不十分明显，例如罗马共和国中的贵族和平民，虽然他们的争吵即便是在共和国最美好的时期，也经常把人民大会搅得乱成一团。不过，这一例外的情形是表面的而不是真实的，因为这时候由于政治体固有的这一缺陷，可以说是在一国之内出现了两个国家。这一点，虽说把两者合起来看是不真确的，但把它们分开来看就是真确的了。实际上，即使是在最动荡的时候，只要元老院不干预，人民的投票总是非常安静地进行的，而且总是按多数票表决的。公民只有一种利益，人民只有一个意志。

循环到了另一端，也会出现全体一致。这时候，沦落到了奴隶状态的公民既没有自由也没有意志了：恐惧和吹捧把投票变成了一片喧嚣；人们不再讨论，会场上不是歌功颂德就是乱骂一气。元老院在皇帝统治下就是用这种可耻的方式发表意见的。有时候，这种做法竟谨慎到了十分可笑的地步。塔西佗说：在奥东[①]统治

① 奥东（32—69），罗马皇帝，因与维梯留斯争夺权力，被维梯留斯击败后，旋即自杀。——译者

下的元老们在大骂维梯留斯①的同时，故意闹闹嚷嚷，乱吼乱叫，为的是使维梯留斯在万一成了主子的时候无法知道他们当中的每一个人说了些什么。

从以上所说，就可推导出这样一个法则，那就是：应当根据判断公意的难易程度和国家盛衰的情况来决定计算票数和分析意见的方法。

只有一种法律由于其性质而必须全体一致同意才能通过；这个法律是：社会公约，因为政治结合是世界上最自愿的行为。每一个人生来都是自由的，是他自己的主人，因此，无论何人都不能以任何借口在未得到他本人同意的情况下就奴役他。说一个奴隶的儿子生来就是奴隶，这等于是说他生来就不是人。

即使在订立社会公约时有人表示反对，他们的反对也不能使公约无效，顶多只是把这些人不包括在内罢了；他们是公民中的外邦人。而在国家建立以后，居留在国内就表示同意，住在国家的领土上，就表示服从主权。*

除了这个原始契约以外，投票的大多数就可以约束所有其他的人。这是契约本身产生的结果。也许有人会问：一个人既然是自由的，怎么又不得不服从不属于他的意志呢？反对者既然是屈从于他不同意的法律，又怎么能说他是自由的呢？

---

① 维梯留斯(15—69)，罗马将军，击败奥东后，被所部拥戴为皇帝，并于公元69年4月得到元老院的承认，但同年10月就被罗马人民推翻，他本人也被乱兵所杀。——译者

* 这当然指的是在一个自由的国家内，因为由于家庭、财产、没有安居的住处、生活的需要和暴力这些因素也可以强把一个人留在国内，所以单凭他的居住，还不能断定他是同意公约还是破坏公约。——作者

我的回答是：这个问题的提法不妥。因为一个人既然是公民，这就表明他是同意所有一切法律的，甚至对那些不顾他的意愿而订的法律和他如果破坏其中任何一条就要对他实行惩罚的法律也是同意的。国家全体成员的经常意志就是公意。正是有了这个公意，所以他才成为公民，而且是自由的。* 当有人在人民的集会上提议一项法律时，他不问在场的人是同意还是否定这项法律，而是问这项法律是否符合公意，于是大家用投票的方法来表达他们对这项法律的意见，最后以票数计算的结果宣告公意。因此，如果与我的意见相反的意见占了上风，这并不说明其他的问题，而只是说明我的意见错了，说明我认为是公意的事项不是公意。如果我个人的意见竟然胜过了公意，那我就做了一件恰恰不是我想做的事，这时候，我就不是自由的了。

当然，以上的阐述是基于这样一个假定，即：公意的一切特征始终存在于多数之中。如果不是这样的话，那么，无论你站在哪一边，都是没有自由可言的。

我在前面论述人们在公共事务的讨论中是怎样用个别意志去代替公意时，已详细提出了防止这种弊端的切实可行的办法①；这一点，我以后还要再次谈到。② 至于宣告这种意志所需要的投票的比例数，我也提出了如何决定的原则。只要有一票之差，就可以

---

* 在热那亚，在监狱的大门上和苦役犯的锁链上都刻有“自由”二字；这个办法又好又正确。的确，在各个国家，只有坏人才阻挠公民的自由。在一个把这种人全都罚去做苦役的国家里，人们充分享受着自由。——作者

① 见本书第二卷第三章和第三卷第十八章。——译者

② 见本卷第三和第四章。——译者

破坏双方的相等；只要有一个人反对，就不是全体一致。不过，在全体一致和双方相等之间，有好几种不相等的分配，人们可以按照政治体的情况和需要来确定每一种的票数。

有两个一般的法则可以用来确定这种比率。这两个法则，第一个是：讨论的问题愈重大，则应采纳愈是接近全体一致的意见；第二个是：事情愈是需要迅速解决，则规定的双方票数之差就愈应缩小；在必须立刻做出决定的讨论中，只需超过一票就可以了。第一个法则似乎更适合于表决法律的制定，第二个法则更适合于重大事情的处理。不过，不管怎样，都必须把两者结合起来，才能确定宣布其为多数的最好的比率。

第三章 论选举

关于君主和行政官的选举，我已经说过了，是一种复合行为。在这方面，可以采取两种办法，即：选定和抽签。这两种方法在不同的共和国中都采用过，甚至现在在威尼斯选举大公时，还是按照这两种方法非常复杂的混合形式进行的。

孟德斯鸠说："用抽签的办法进行选举，是符合民主制的性质的；"这，我同意。不过，为什么是这样的呢？孟德斯鸠说："抽签是一种不使任何人感到苦恼的选举方法，它使每一个公民都能有一个为祖国服务的合理希望。"[①]这就说得不对了。

人们如果注意到选举首领是政府的职能而不是主权的职能的

① 见孟德斯鸠：《论法的精神》，第 1 卷，第 2 章。——译者

话，就可看出，抽签的办法之所以符合民主制的性质，是因为在民主制里，行政机构的行为愈少，则行政机构就愈好。

在一切真正的民主制度下，担任行政官不仅无任何好处，反而是一项沉重的负担。人们无法公平地把这项职务强加给这个人，而不强加给另一个人，只有法律能把它加给那个中签的人。因为在抽签时，大家的条件都是相等的，何况选择是不由任何人的意志来决定的，所以这当中没有任何能改变法律的普遍性的人的因素在起作用。

在贵族制下，是由君主来选择君主的，由政府来保存它自己。在这种制度下，用投票选举的方法是很合适的。

以威尼斯大公的选举为例，它不但没有否定反而证明确有这种区别。这种混合的形式正适合于混合政府，因为人们本来就不应当把威尼斯政府看作是真正的贵族制。如果说威尼斯人民在政府中从来就没有过一席之地的话，威尼斯的贵族也同人民完全是一样的，一大批穷巴拉波特①从来就没有担任过任何官职，只拥有“阁下”这个空头衔和参加大议会的权利而已；那个大议会的人数，同我们日内瓦的大议会的人数是一样的多，其中有些人虽然是很显赫的，但他们的特权并不比我们的普通公民多。除了这两个共和国的极端差异以外，我们发现，日内瓦的市民恰好相当于威尼斯的贵族，我们的土著和居民就相当于威尼斯的市民和人民，我们的农民就相当于威尼斯大陆的臣民。总之，无论从哪个角度看这个共和国，除了它的地域比我们大以外，它的政府并不比我们的政府

① 巴拉波特，聚居在威尼斯圣·巴拉贝贫民区的穷贵族。——译者

更像贵族制。全部差别在于:我们没有一个终身的首领,所以不需要抽签。

在真正的民主制下,用抽签的办法选举,并没有什么不便之处,因为大家无论在品德和才能方面,还是在地位和财富方面,都是平等的,所以无论选谁,都没有多大关系。不过,我已经说过了:真正的民主制是从来就没有过的。

如果选举和抽签这两种办法都同时采用的话,则前者可用来挑选需要有专门才能方可担任职务的人,如军事指挥官;而在选用只需有健全的头脑和公正廉洁的名声就可担任职务的人时,例如审判官,就可采用后一种办法,因为在一个体制良好的国家里,这些品质是所有的公民都具有的。

在君主制政府中,抽签和选举这两个办法都用不上,因为国王是当然的独一无二的国君和行政官;选用其下属的权利,独一无二地是属于他的。当圣皮埃尔神甫建议扩充法兰西国王的行政机构,并用选举的办法选用其成员时,他没有意识到他这个建议是在改变政府的形式。①

---

① 圣皮埃尔神甫(1658—1743),是巴黎贵妇人杜宾夫人家的常客。1743 年神甫逝世后,杜宾夫人出于对神甫的爱戴之情,要求当时在她家担任秘书的卢梭对神甫尚未发表的各种著作加以整理、摘录和评注。句中所说的圣皮埃尔神甫的"建议",指神甫的《部长联席会议制》。卢梭在整理这部著作时发现:神甫太大胆了,竟公然"主张废除由国王任命大臣管理国事的制度,而代之以凭才能当选的官员组成的行政会议主持国政。这个办法等于是公开剥夺国王的王权,把国王改变成行政会议的主席。卢梭认为这个意见必将引起轩然大波。"② 因此没有把他所撰写的《评圣皮埃尔神甫的〈部长联席会议制〉》交给杜宾夫人发表。——译者

② 见特鲁松:《卢梭传》,李平沤、何三雅译,商务印书馆 1998 年版,第 189 页。——译者

我本想在这里谈一下人民大会上的投票和计票方法，然而罗马政治制度史在这方面已经把我准备要讲的原则全都阐述得很清楚了。博闻强识的读者若再详细观察一下在一个二十万人的大会上是如何处理公共的和个别的事务，那对他或许是不无益处的。

第四章 论罗马人民大会

我们没有有关罗马早期历史的可靠的资料；人们所讲的那些有关罗马的事，看来大部分都是传说。* 一般地讲，各民族的编年史中最有教益的部分，即他们当初建国的那段历史，是我们最缺少的。经验每天都在告诉我们，各个帝国的革命是由于什么原因发生的。可是现在已经不再有新的民族在形成了，所以我们只能凭推测来论述他们是如何形成的。

我们所发现的种种既成习惯，至少能表明那些习惯有一个起源。凡是能追溯到起源的传说，凡是经过最大的权威证实并有许多强有力的理由肯定的传说，都应当被认为是可靠的。我在追寻世界上这个最自由和最有力量的民族在怎样行使他们的最高权力方面，所遵循的就是这个原则。

罗马建国之后，新生的共和国，即由阿尔班人、萨宾人和外邦人所组成的那支军队，分成三种人。由于这种区分，所以称之为部族。每一个部族再分为十个库里亚；每一个库里亚又再分为若干

* “罗马”这个词，有人说来自罗慕洛斯(Romulus)，其实它是希腊文，意思是“强力”；“努马”(Numa)一词也是希腊文，意为“法律”。罗马城中最初两个国王难道不是预先就给自己起好了表明他们事业的名字吗？——作者

德库里亚;每一个库里亚和德库里亚都有一个首领,分别称为库里昂和德库里昂。

此外,还从每个部族抽调一百个骑兵或骑士编为团队,称为“百人团”。由此可见,当初在一个城里没有必要的这种划分,纯粹是军事性的。不过,在我看来,使这个小小的罗马城之所以能预先就给自己建立了这么一个适合于这个作为全世界的首都的政体,似乎是出自一种伟大的本能。

从这第一次划分之后,不久就出现了一种糟糕的局面:阿尔班人的部族(Ramnenses)和萨宾人的部族(Tacienses)始终是原来那个样子,而外邦人的部族(Luceres),由于外邦人的不断涌入便不断地增加,以致不久就超过了前两个部族。针对这种危险的状况,塞尔维乌斯的补救办法是:废除按种族来划分,而代之以按部族在城中所居住的地区来划分,把原来的三个部族分为四个,每一个部族占据罗马的一座小山,并以山名为部族名。这样,既解决了眼前的不平等,又防止了未来的不平等。这种划分法,不但划分了地区,而且还划分了人:禁止这个地区的人转移到另一个地区,从而防止了各个种族的互相混合。

塞尔维乌斯还把原来的三个百人骑兵团增加了一倍,而且还另外增加了十二个,不过,名称不变,还是原来的名称。这个办法又简单又方便,一举就把骑士团与人民团体分开了,使人民毫无怨言。

在这四个城市部族之外,塞尔维乌斯又增加了另外十五个部族,名称为“乡村部族”,因为他们是由分居在十五个乡区的居民组成的,后来又新增了十五个。这样,罗马人便一共分成三十五个部族，从此一直到共和国终了都一直是这个数目。

从城市部族和乡村部族这种划分法，产生了一种值得一谈的结果，因为以前还从未有过这样的先例，而且罗马的风尚之得以保存和帝国之得以扩大，都归功于此。有些人认为城市部族不久就窃取了权势和尊荣，而且败坏了乡村部族。情况恰恰相反，大家都知道，早期的罗马人是喜爱乡村生活的。这种爱好，来自那位贤明的建国人[①]，他把农事和军事与自由结合在一起，而且可以说是把那帮从事工艺的人、搞阴谋的人、贪恋财富和畜养奴隶的人，全都赶进城里去了。

因此，罗马所有的有名人物全都生活在农村，并且耕种土地。当国家需要治国的干才时，人们总是到农村去寻访。这种情况，正是那些最受人尊敬的贵族们的状况，因此受到人们普遍的赞赏。他们宁过乡村简朴而勤劳的生活，而不愿意过罗马城里的人的那种懒懒散散的生活。一个在城里一直穷愁潦倒的无产者，一到农村劳动，就会变为受人尊敬的公民。瓦戎[②]说：我们古代的先贤之所以要把农村建设成为一个培养英勇的人的大营地，不是没有道理的。只有在这样的营地培养出来的人才能在战时保卫他们，在和平时期能供养他们。普林尼[③]非常明确地指出：乡村部族之所以受人尊敬，是因为组成这种部族的成员都是受人尊敬的人。反之，为了羞辱游手好闲的人，就把他们打发到城市的部族去。萨宾人阿皮乌斯·克劳狄乌斯回到罗马时备受尊荣，被编入了一个乡

① 指罗慕洛斯。——译者

② 瓦戎(公元前 116—前 27)，罗马哲学家和史学家。——译者

③ 普林尼(23—79)，指罗马史学家老普林尼。——译者

村部族，这个部族后来就以他的姓氏命名。而那些被释放的奴隶全都被编入城市部族，没有一个被编入乡村部族。在整个共和国时期，从来没有一个被释放的奴隶担任过公职，尽管他们已经成为公民。

这种做法本来是很好的，但做得太过头了，以致终于产生了一种变化，在制度上形成了一种弊端。

首先，监察官长期掌握了可以把公民从一个部族转到另一个部族的权利以后，便任意行使，竟允许大部分人喜欢加入哪个部族就加入哪个部族。这样做，不但一点好处也没有，而且还使监察权失去了它最大的作用之一。此外，由于有实力和有地位的人全都编入乡村部族，而被释放的奴隶成为公民之后便一直同民众在一起，留在城市部族，因此，一般地说，部族就不再是按地方和地区来划分，以致全都混杂不清，除了根据名册以外，便没有办法分辨各部族的成员。“部族”这个词的意思，便从按实物[①]来划分转变为按人身来划分，或者更确切地说，这个名词几乎已经变得空有其名了。

还有，城市部族由于更易于集合，所以在人民大会里总是比其他部族人多势重，把国家出卖给那些向部族中的无耻之徒贿买选票的人。

至于库里亚，由于当初建国的人[②]规定每个部族有十个库里亚，因此那时候住在罗马城中的全体罗马人就有三十个库里亚。

---

① “实物”指土地，指部族成员居住的地方。——译者

② 指罗慕洛斯。——译者

每个库里亚都有它自己的庙宇、神祇、官吏、祭司和称为“大路节”的节日;这种节日,和后来乡村部族中的乡村节差不多。

按照塞尔维乌斯的新的划分法,这三十个库里亚根本不可能平均分配在四个部族里,因此他也不想触动它们。这样一来,部族中那些相对独立的库里亚便形成了罗马居民中的另外一种划分方式。不过,不论是在乡村部族中,还是在构成乡村部族的人民中,都不发生库里亚问题,因为部族已经变成了一种纯粹的民事组织,并采用了另外一种部队征集的制度。罗慕洛斯原先那种军事性质的划分法,已经没有用了。因此,尽管所有的公民都登记在部族的名册里,但在一个库里亚内根本找不到几个公民。

塞尔维乌斯后来又做了第三种划分法。这第三种划分法与前面两种划分法毫无关系,但后来由于它的作用竟变成了最重要的一种。他把所有的罗马人分为六个等级,既不按地方划分,也不按人身划分,而是按财富划分。前面两级全是富人,最后两级全是穷人,中间两级是财产不多也不少的人。这六个等级的人又分编成一百九十三个团队,称为“百人团”。这些团队又是这样分配的:第一等级的人独占其中的半数以上,最末一级只构成其中的一个团。这样一来,人数最少的那一级竟然成了团数最多的那一级,而整个最末一级只不过是一个次级的划分单位,尽管他们的人数占罗马居民的过半数。

为了使人民不至于看出这后一种形式的后果,塞尔维乌斯便设法使它看起来好像是军事性的组织。他在第二级中组建了两个甲胄士百人团,在第四级中组建了四个军械士百人团。除了最后一级以外,其他各级的人又分青年和老年,这就是说,分成有服兵役义务的人和因年老按法律免服兵役的人。这种划分法，比按财产划分的办法更需要经常重新进行人口普查和统计，所以他决定人民大会在马尔斯广场举行，所有达到服兵役年龄的人都需带着武器参加。

塞尔维乌斯之所以不在最末一级区分青年和老年，是因为他不愿意让这一级的人享有为祖国服兵役的荣誉，因为，必须是先有殷实的家庭，然后才有保卫家庭的权利。像今天在各国国王的军队中那一大帮吊儿郎当的乞丐队伍，要是出现在当年罗马的步兵队里的话，也许没有一个不被人们轻蔑地撵出去，因为那时的士兵乃是自由的保卫者。

在最末一级中，还分成“无产者”和“按人头计数的人”。前者并不是完全一无所有，他们至少还在向国家提供公民，甚至有时候在紧要关头还向国家提供士兵。至于那些全然一无所有、除了按人头便无法计数的人，根本就不被人看在眼里，只是到马留乌斯时代才开始征募他们入伍。

这第三种计数方法本身是好是坏，我在这里不作结论，但我要着重指出的是：这种方法之能够实行，完全靠的是早期罗马人的淳朴的风尚、他们的大公无私、他们对农耕的喜爱和对商业与贪财之心的鄙夷。如今在现代的各个国家，人们各个贪得无厌，人心浮躁不安，尔虞我诈，人口不断流动，贫富穷通变化无常，人们能让这样一种做法持续二十年不扰乱国家吗？还需指出的是，正是罗马人民有这种比制度更强有力的风尚和舆论，才纠正了制度中存在的种种弊病。在罗马，富人如果太显示自己的富有的话，是会被贬到穷人的等级去的。

从以上的叙述就可明显地看出：为什么一般人都说只有五个等级，而实际上有六个等级，其原因就在于此。第六级既不提供带武器的士兵，也没有在马尔斯校场*投票的权利，在共和国里几乎没有任何用处，很少被人看在眼里。

以上是罗马人民的几种不同的划分。现在来看这些划分在大会中产生的效果。这种合法召开的大会，称为人民大会，通常都是在罗马公共会场或马尔斯校场举行；分为库里亚大会、百人团大会和部族大会三种：这要根据它们是按三种形式中的哪一种形式召开而定。库里亚大会是罗慕洛斯创立的，百人团大会是塞尔维乌斯创立的，部族大会是人民的保民官创立的。任何一项法律的批准和任何一位行政官的选用，都必须在人民大会上通过。由于每一个公民不是编在某一个库里亚里，就是编在某一个百人团或某一个部族里，因此没有任何一个公民没有投票权。罗马人民无论在法律上和事实上都是真正的主权者。

为了使这些大会能合法地召开，并使大会上通过的事项具有法律效力，就定下了三条规定：第一，召开这种大会的机构或行政官，必须具有召开这种大会的权力；第二，这种大会必须在法定的日子召开；第三，占卜的结果必须是大吉大利的。

第一条规定的理由，是用不着解释的；第二条是一种行政措施：在节日或集市的日子是不允许举行大会的，因为乡村中的人到罗马来有许多事情要办，没有时间整天待在会场上。由于有第三

---

* 我之所以要指明是在马尔斯校场，是因为百人团的大会是在这里举行的。至于其他两种形式，人民则是在公共会场或其他地方举行。这时候，“按人头计数的人”也有同最高级的公民同样的影响力和权威。——作者

条规定，元老院便可以约束一大群骄傲而又急躁的人，并及时缓解试图闹事的保民官的狂热；不过，保民官也有他们摆脱这一约束的办法。

法律的制定与首领的选举，并不是提交人民大会解决的唯一事项。罗马人民还夺取了政府的多种职能。我们可以说：欧洲的命运是在这些大会上决定的。开会的目的的多样性，可以使大会根据所要处理的事项而决定开会的不同形式。

要评判这几种形式，只需把它们加以比较就可以了。罗慕洛斯创立库里亚的目的，是旨在以人民来制约元老院，以元老院制约人民，而他自己对这两者都可以加以控制。他通过这种形式，使人民在人数上占优势，以平衡他让贵族们在权势和财富上的优势。不过，按照君主制的精神，他还是让贵族们占了更多的优势，因为那些受贵族们保护的人必将偏向贵族，使贵族在票数上占多数。这样一种值得称道的保护者与受保护者的制度，是政治的与人道的一种杰作；没有这种制度，与共和国的精神相违背的贵族制便无法存在。只有罗马才能在全世界创造这么一个良好的榜样：它从未产生过什么弊端，不过，后来也没有人仿效。

由于库里亚这种形式从王政时期一直保持到塞尔维乌斯时代，而最后一个塔尔干王朝的统治又被认为是不合法的，所以通常都把王政时期的法律称为“库里亚法”。

在共和国时期，库里亚只限于四个城市部族，而且只包括罗马的民众，因此既不能与作为贵族之首的元老院相抗衡，也不能与作为富裕公民之首的保民官相匹敌，尽管这些保民官也是平民。因此，它们威信扫地，竟沦落到如此地步：它们的三十个小吏集合起来就能做库里亚大会能做的全部事情。

百人团的建制是如此之有利于贵族制，以致在刚开始的时候，人们不知道元老院为什么在以百人团命名的大会上总不占优势，不知道元老院为什么在执政官、监察官和其他象牙行政官[①]都是由百人团选出的百人团大会上总落下风。其实，这是因为构成罗马全体人民的六个等级的一百九十三个百人团，第一级就占了九十八个，何况按百人团的团数来计票，第一级一个级的票数就超过了其他各级的总和。当所有的百人团都一致同意的时候，人们就用不着再统计票数，最少数的人通过的事就成为大多数人的决定了。因此我们可以说，在百人团大会上，是按财富的多少而不是按票数的多少来决定事情的。

不过，对于这种极端的权威，可以用两个办法来缓和。首先，保民官通常是而且大多数都是平民；他们也是属于富人的等级的，所以他们在第一级里可以与贵族们的势力相抗衡。

第二个办法是：鉴于投票总是从第一级开始的，因此不让百人团在开始的时候就按他们的级别投票，而用抽签的办法抽出一个百人团，让这个百人团[*]单独进行选举，然后在另外一天，按等级召集所有的百人团进行这同一项选举，其结果通常是一致的。这样，按级别示范的带头作用，便按照民主制的原则让位给抽签了。

这个办法还有另外一个好处，那就是：在两次选举之间，乡村的公民有时间去了解临时被提名为候选人的才能，以便把票投给

---

① 象牙行政官，有资格坐象牙椅的高级行政官。——译者

* 人们让这个用抽签抽出来的百人团第一个投票，因此称它为“优先团”；优先团这个名词就是由此而来的。——作者

他们所了解的人。不过，往往由于借口要迅速完成投票，这个办法便被废除了，改为两次选举同一天进行。

严格说来，部族大会才是罗马人民的议会。部族大会只能由保民官召开，在会上选举保民官和通过平民制定的法律。元老院不但对它没有影响力，甚至根本就无权参加，而且还必须服从他们无权参加的大会通过的法律。在这一点上，元老们还不如最卑微的公民自由。不过，这种不公平的做法被人误解了，因而使一个不是全体成员都参加的公共团体制定的法令全都失效。当所有的贵族按照他们作为公民应有的权利而参加这种大会时，他们就成为普普通通的个人，他们便无法影响按人头计票的表决形式，因为在这种会上，最卑微的无产者同元老院的首席元老完全是平起平坐的。

除了由于一个如此众多的人民在投票方面按不同的分配方式产生的秩序之外，这些分配方式的本身也不是无关紧要的；其中的每一种，对人们之所以愿意采取这种形式的原因，都起着相对的作用。

我们不必多谈细节，仅从以上的叙述就可看出部族大会是最有利于人民的政府的，而百人团大会最有利于贵族制。至于库里亚大会（罗马的民众只有在这种大会上才占多数）由于它们只有利于暴君制和心怀阴谋的人，所以一再遭到人们的指摘，就连那些喜欢玩弄诡计的人也都不采用这种易于使他们的诡计过分暴露的办法。的确，罗马人民的尊严只有在百人团大会上才能显示出来，只有这种大会才是各个部族都包括在内的；而库里亚大会便不包括乡村部族，部族大会就不包括元老院和贵族。

至于计票的方法，在早期的罗马人中，也像他们的风尚那样简单，虽然还不像斯巴达人那样简单。每个人都高声表示他投谁的票，由一个记票员依次把每个人的票记下来。每个部族的多数票便决定该部族表决的结果；而部族之间的多数票，便决定了人民表决的结果。库里亚大会和百人团大会的计票方法，也是如此。只要公民们都很诚实，每个人都羞于公开把票投给一个不正确的意见或一个无德无才的人，这个办法当然是很好的。然而在人民已经腐败而且有人贿买选票的时候，那就以采用秘密投票的方式为好，因为只有这样，才可防止那些有贿买选票之嫌的人捣鬼，才能使那帮无赖的宵小不至于变成出卖公众利益的蟊贼。

我知道西塞罗曾谴责过这种变化，并把共和国的覆亡的一部分原因归咎于它。不过，尽管我觉得西塞罗的评论颇有道理，但我并不赞同。我认为，恰恰相反，正是由于没有进行足够的类似的变革，才加速了国家的灭亡。如同健康人的那套饮食方法不适合于病人一样，我们切不可拿适合于好民族的那套法律去治理一个腐败的民族。再没有什么能比威尼斯共和国存在的时间之长更能证明这条法则是正确的了。威尼斯共和国徒有其名的空架子之所以迄今还依然存在①，唯一的原因就是由于它的那些法律适合于坏人。

每个公民都领到一张票；他们在所投的票上表示的意见，不让任何人知道。在投票、计票和比较票数等方面，人们也规定了

① 威尼斯共和国成立于公元 5 世纪，一直存在到 1797 年，即卢梭的《社会契约论》发表之后三十五年，才在拿破仑领军远征意大利时被废除；1866 年威尼斯被并入意大利王国。——译者

一些新的程序，但这也未能防止担负这项工作*的官员们的忠诚不受人怀疑。最后，为了防止舞弊和贿买选票的行为，还发布了许多禁令，而禁令的数目之多，正足以表明它们是没有用处的。

到了共和国末期，罗马人不得不临时采取一些特别的办法来补救法律之不足。有时候他们假托神灵；但这个办法只能欺骗人民，而不能欺骗统治人民的官员。有时候他们趁候选人还来不及玩弄手段之前，突然召集一次大会。有时候当他们发现被人收买的人准备投票给坏人时，他们在会上便东拉西扯瞎发言，把开会的时间消耗掉。不过，抱有野心的人也有他们应付的方法。而令人难以置信的是，面对如此之多的弊端，为数众多的罗马人民靠他们原先那套旧的规章，竟从未停止过选举行政官、制定法律、审理案件和处理大小公事，而且进行得非常顺利，同元老院亲自办理几乎是一样的。

第五章 论保民官制

当人们不能在国家的各个组成部分之间确定一个准确的比例时，或者，当一些不可消除的原因不断改变着它们的比率时，人们便成立一个特别的行政机构。这个行政机构，在组织上同其他机构没有联系；它能使比例的每个项都恢复正确的比率，而且在君主与人民之间或者在君主与主权者之间，甚至在必要的时候同时在

* 这项工作包括选票的监制、分发和查询。——作者

这两者之间形成一种联系，或者说是形成比例的中项。

这个机构，我称它为保民官制；它是法律和立法权的保护者。它的作用有时候像从前罗马人民的保民官那样保护主权者以对抗政府；有时候又像现在的威尼斯十人会议那样支持政府以对抗人民；有时候又像斯巴达的监察委员会那样保持一方与另一方之间的平衡。

保民官制不是城邦的一个组成部分，它没有任何一点立法权或行政权，然而，正是由于这个缘故，它的权力才是最大的，因为，它虽然不能做任何事情，但它能禁止一切事情。作为法律的保护者，它比执行法律的君主和制定法律的主权者更为神圣和更受尊敬。我们在罗马可以很清楚地看出：那些骄傲的贵族是一贯看不起人民的，但他们在一个既无占卜权又无司法权的平凡的人民的官员面前不得不低下头来。

保民官制如果运用得好，它将是一个良好的体制的最强有力的支柱，而它的力量只要稍微过多地用一点点，它就会推翻一切。至于软弱，这不是它的性质。只要在它的权限范围内，它是不会不做它该做的事情的。

保民官是行政权力的调节者。如果他篡夺行政权并直接行使他只能对之加以保护的法律的话，则保民官制就会变成暴君制。当斯巴达还保持其淳朴的风尚时，监察委员会的庞大权力虽未造成什么危害，但它加快了已经开始的风气败坏的进程。被这些暴君杀害了的阿基斯由他的继承者替他报了仇；监察委员会的罪行和它受到的惩罚，加快了共和国的覆亡，在克里奥门尼斯之后，斯巴达的国势就一落千丈了。[1] 罗马也是经过同样的历程而覆亡的。被保民官一点一点地篡夺的过多的权力，终于把本来是为保护自由而制定的法律变成了皇帝[2]的盾牌，使他得以摧毁自由。至于威尼斯的十人委员会，那简直是一个血腥的法庭，无论贵族或人民都对之感到十分害怕。它不但不努力保护法律，反而在它蜕化之后加紧在暗中一再破坏法律。

同政府一样，保民官制由于其成员的增加反而会削弱它的活力。罗马人民的保民官开始时只有两人，后来增加为五人，而且还想增加一倍。元老院也由他们去增加，认为可以靠一些人去约束另一些人，让他们彼此牵制；后来还真的发生了这种情形。

为了防止这一可怕的机构篡夺权力，最好的办法(这个办法迄今尚未被任何一个政府发现)是不让它成为一种常设机构，并规定它必须有各种停止其职权的间歇期。不过，这种间歇期不宜过长，以免使其他官员趁此期间滥用职权。因此，可以制定法律加以规定，以便在必要时由一个特别委员会加以缩短。

这种方法，在我看来并没有什么不便之处，因为，正如我已经说过的，保民官制不是国家体制固有的部分，所以，即使取消它，也不会使国家的体制受到损害，所以我觉得这个办法是切实可行的。因为，一个新上任的行政官所接掌的不是他的前任的权力，而是法律赋予他的权力。

① 阿基斯和克里奥门尼斯，公元前3世纪斯巴达的最后两位国王。——译者

② 指恺撒，尤其是指奥古斯都(即屋大维)——译者

第六章 论独裁制[①]

法律的硬性规定，往往会妨碍法律可根据事情的实际情况而加以变通，因此在某些情况下，反而使法律成为有害的，使国家在危急关头遭到毁灭。办事的程序和迟缓，都需要花许多时间；这有时候是局势所不允许的。有千百种情况是立法者不可能事先全都预见到的，因此，我们最需要的，就是对我们缺乏这种不可能事事都能预见的本事要有自知之明。

所以，切不可使政治制度僵硬到使自己缺少那种让法律暂时停止行使的权力。就连斯巴达也曾经使它的法律休眠过。

然而，只有在最危急的关头，才可以冒这种变更公共秩序的危险。除了在国家存亡难定的时候，其他任何时候都是不允许终止法律的神圣权力的行使的。在这种罕有的关键时刻，为了公众的安全，可以通过一项特别的程序，把保卫公众安全的重任交付给一个最值得信任的人。这一交付，可按危险的种类以两种方式进行。

如果是为了公众的安全，只需加强政府的职能就够了的话，就可以把政府的职能集中交给一个或两个成员就可以了。这个办法，并未改变法律的权威，而只是改变了法律的行使形式。如果危险的程度已经达到使法律的行使反而成了维护法律的障碍，这时

① 一提到“独裁制”，经过第二次世界大战的人们无不深恶痛绝。不过，卢梭在本章论述的独裁制，与希特勒和墨索里尼之流的法西斯独裁完全不同。卢梭所说的独裁制，只是在国家危急时期任命一位独裁者，负责维护国家的安全。独裁者的任期很短，而且无制定法律的权力。危急时期一过，他的任务便告终止，应立即退任。——译者

候，就需要任命一个最高首领，让他有权使一切法律都停止行使，并使主权权威也暂时停止。在这种情况下，公意是无可怀疑的，而且很显然，人民首先要求的是国家不至于灭亡。采用这种方式，立法权虽暂时停止，但未被废除。这位行政官虽有权暂时停止立法权，但他不能行使立法权；他可以控制它，但不能代表它。他什么事情都可以做，唯独不能立法。

第一种方法，罗马元老院曾采用过；它颁发一道正式文书，把保卫共和国的安全的责任交给执政官。第二种方法，是由两个执政官之一任命一个独裁者*。这种做法是阿尔比在罗马首开先例的。

在罗马共和国建国之初，曾经常采用独裁制，因为那时候，国家还未稳固到单靠它的宪法的力量便足以自保的程度。那时候，由于罗马人民的风尚使那些在其他时候十分需要的防范措施已经成为多余，所以人们既不担心独裁者会滥用他的权威，也不怕他在规定的任期之后还试图继续保有其权力。恰恰相反，这么大的一种权威，在那个被授予这种权威的人看来似乎是一个负担，还巴不得早日摆脱为好，好像站在取代法律的地位上是一件非常辛苦又危险的工作似的。

因此，那时候，危险不在于滥用权力，而在于贬低权力。这一点，不能不使人认为早期的罗马人对这种最高的行政制度的使用是不够审慎的，因为，当他们把这种制度滥用于选举、祭祀和纯属形式的事务的时候，就不能不令人担心它在必要的时候不那么令

* 这种做法是在夜里秘密进行的，好像是因为羞于让人知道他把一个人置于法律之上似的。——作者

人对它感到敬畏，而且会使人们把那个只是在仪式上行使这种权威的人的头衔看作是空头衔。

在快到共和国末期的时候，罗马人民变得比较慎重了。以前，稍微有一点理由就让人行使独裁权，而现在是：稍微有一点理由就不允许行使这种权力。我们很容易看出，他们的戒心是没有根据的，因为当时首都的力量很薄弱，这反倒使它在其内部的行政官面前有了安全。一个独裁者在某些情况下能够保卫公众的自由，但他永远不能侵犯公众的自由。罗马的枷锁不是在罗马城中打造的，而是在它的军队中打造的：马留乌斯对苏拉，庞培对恺撒，都没有进行什么抵抗。这就很清楚地表明：用内部的权威去抵抗外来的武力，是靠不住的。

这些谬误，使罗马人民犯了一个大错误，例如在卡提里那[①]案件中，他们就没有任命一个独裁者，因为这件事情只事关罗马城的内部，顶多也只是涉及意大利的某个省，只要使用法律授予独裁者无限权力，就可以很容易消除阴谋，而这场阴谋最后之被阻止，乃是由于几种幸运的意外事件的偶合；这种侥幸的偶合，是我们的审慎心永远不应当期待的。

元老院不但没有这样做，反而把它的全部权力交给执政官，结果，西塞罗为了能有效地行动，便在一个重大的问题上超越了他的权限。不过，虽说开头那一阵喜悦使人们赞同了他所做的事情，但后来人们要他对公民们违反法律的流血事件负责，那也是应当的，

① 卡提里那(公元前108—前62)，罗马贵族，因支持苏拉，试图暗杀执政官西塞罗，事情败露后，被西塞罗派兵追杀于波士托里乌姆。——译者

而对于一位独裁者,人们就不能提出这种指摘了。然而,这位执政官的辩才战胜了一切;他本人尽管是罗马人,但他爱他的荣誉更胜于爱他的祖国,因此,他不千方百计地去寻求最合法而又最可靠的办法去拯救国家,而是想方设法把处理这件事情的荣誉全都归于自己*。所以,人们称赞他为罗马的解放者,是有道理的;而同时又指摘他为法律的破坏者,也是有根据的。无论对他的判决的撤销是多么光彩,但可以肯定的是,那实际上是一种赦免。

还需指出的是,无论这一重大的权力是以什么方式授予的,都必须给它规定一个很短的期限,绝不能延长。在需要行使独裁权的危急关头,国家不是很快被摧毁,便是得到挽救,因此,当需要实行独裁的危急时刻一过去,独裁者不是变成暴君,就是变成一个无事可做的人。在罗马,独裁者的任期只有六个月;大多数的独裁者都是在任期未满之前就卸任的。如果任期规定得长的话,他们说不定还想再延长,例如十人会议就想把任期延长为一年。独裁者的时间只能用来应付需要选他当独裁者的那种紧急情况,而不能用来试图做其他的事情。

---

* 在提名谁当独裁者这件事情上,他是没有十足的把握的,因为,一方面他不敢自己提自己的名,另一方面他也无法肯定他的同僚一定会提他。——作者

第七章 论监察官制[①]

公意的表达是通过法律来实现的，而公众的判断的表达，则是由监察官制来体现的。公众的意见也形同法律，而监察官则是这种法律的执行者；不过，他只能按照君主的例子，把这种法律应用于个别的事件。

因此，监察官的法庭远远不是人民的意见的仲裁者；它只是人民意见的表达者。一当它背离了人民的意见，它的决定就是没有根据的、无效的。

没有必要把一个民族的风尚同他们尊崇的事物加以区别，因为两者都来自同一个本原，因此必然是混在一起的。在世界各国的民族中，决定他们的爱憎的，不是天性，而是舆论；只要善于引导舆论，他们的风尚就会自行纯正。人们总是喜欢美好的事物，或者说，他们总是喜欢他们认为是美好的事物，然而，正是在判断什么是美好的事物方面，人们的看法往往犯错误，因此对他们的看法需要加以引导。评论风尚的人，首先就要知道怎样行为才是光荣的；在评判什么事情是光荣的时候，就必须以公众的舆论作为他的法则。

---

① 卢梭在本章立论的角度，与前面三章大不相同。在第四、五、六章，他是从历史的角度来论述罗马的人民大会、保民官制和独裁制的。而在本章，则是从道德风尚的角度来论述监察官制。卢梭对一个国家的道德风尚特别重视；他在第二卷第十二章曾批评“我们的政论家”对风尚、习俗，尤其是舆论，在政治生活中所起的作用缺乏认识。现在在本章借论述监察官制的机会，再次谈论这个问题。——译者

人民的意见是从他们的体制中产生的。法律虽然不能规范风尚，但立法可以使风尚得以形成。立法工作一薄弱，则风尚必然败坏。这时候，监察官的判断也就不能起法律的力量所不能起的作用了。

由此可见，监察官制在维系风尚方面是有用的，但它不能树立风尚。在法律的力量鼎盛的时候可以设立监察官，而一旦法律失去了它的力量，一切全都没有希望了：当法律不再有力量的时候，即使是合法的事情也是行不通的。

监察官在维护风尚方面采取的办法是：防止公众的舆论向坏的方向发展，以贤明的措施保障舆论的正确性，甚至有时候在它们尚不明朗之前就把它们发展的方向确定下来。决斗时带副手，这早已成为习惯，在法兰西王国十分风行；然而这一习惯，国王在一道诏书中只短短说了一句"至于那些怯懦到需要带副手的人，"就把它废除了。这道诏书抢在公众的意见尚不明朗之前发布，所以一下就决定了公众的意见。然而，当同样是国王发布的诏书说决斗也是一种怯懦的行为时，虽然说得很正确，但违反了一般人的意见，因此受到大家的嘲笑，因为他们对这件事情早已有了他们的看法了。

我曾经在别处说过，* 公众的舆论是不能压服的，所以在为代表公众的舆论而设立的监察官制中，不能采取任何一丁点儿压制的办法。监察官制（在现代国家中早已消失了）在罗马运用之妙，

---

* 我在本章中只略略提到我在《致达朗贝尔先生的信》中谈得更详细的论点。——作者

人们无论怎么称赞都不为过,而在拉西第蒙人[①]那里,还运用得更好呢。

有一个品行不端的人向斯巴达的议会提了一个好建议,但监察官们对他置之不理,并转而把他的建议交给一个品行良好的公民提出来。这对后者是多么大的荣誉,对前者是多么大的羞辱啊!尽管监察官对这两个人中的任何一个人都既不称赞也不谴责。在萨摩岛,有几个醉汉[②]到监察官的办公室去胡闹了一阵,第二天监察官就发布公告允许萨摩岛人都可当无赖。像这样不惩罚他们,反而比真正惩罚他们还严厉呢。斯巴达是指名道姓地宣布某人诚实或不诚实,而希腊人是不赞成他们这种做法的。

第八章 论公民的宗教信仰[③]

人类起初是没有任何国王而只有神的;他们没有什么政府,而

① 拉西第蒙人,即斯巴达人。——译者

② 在1782年版的本子中加了这样一段话:"这几个醉汉是另外一个岛(席奥岛)的人。由于我们的语言的细腻,所以在这里不便把它的名字说出来。"——译者

③ 卢梭在第二卷第七章《论立法者》的末尾谈到了宗教问题。他的看法是:"在国家始建之时,宗教是用来达到政治目的的工具。"宗教信仰问题,在卢梭所处的时代是一件大事,无论男女老幼和贫富贵贱都会遇到。婴儿呱呱坠地之后,要由教士给他施洗礼;人去世了,要由教士行完宗教仪式之后,才能入土安葬。虔诚的人们相信:人的一生要经历两个世界,即地上的物质世界和天上的精神世界。前者虽美好,但充满了苦难,纷纷扰扰,鲜有宁日,而后者是纯洁的,只有进入天国才能获得永生。这样一个关系到人的一生和来世的命运问题,卢梭在他的《社会契约论》中不能不涉及。关于卢梭的宗教观和神学见解,请参见他在他的《爱弥儿》中插入的那一大段可以独立成篇的文字:《一个萨瓦省的牧师的信仰自白》。(卢梭:《爱弥儿》,李平沤译,商务印书馆2007年版,下卷,第377—457页)——译者

只信奉神的权威[①]。他们采纳了卡里古拉的推论[②],因此他们那时候的做法是正确的。需要经过很长时间的感情和思想上的变化之后,人们才最后决定推选一个人做他们的主人,而且还暗自庆幸找到了这么一个人。

每一个政治社会都供奉有一个神,因此,有多少个民族,就有多少个神。两个彼此不同而且几乎经常互相敌对的民族,是不可能长时间尊奉同一个主人的;两支互相攻打的军队,也是不可能服从同一个首领的。这样,从民族的区分中便产生了多神的现象,并从而产生了神学上和政治上的不宽容。其实这两种不宽容是完全相同的;这一点,我们以后还要谈到。

希腊人有一种很奇怪的做法:他们总是到野蛮民族中去寻找他们自己的神;他们之所以这样做,是由于他们把自己看作是那些野蛮民族的天然的主人。可是在我们今天,却有人引经据典地说什么各个不同的民族的神原本是同一个神,认为莫洛克、萨土林和克罗诺[③]是同一个神;认为腓尼基人的巴尔、希腊人的宙斯和拉丁人的朱庇特也是同一个神:似乎这些虚幻的神明,虽然名字不同,但有某些共同之处。如果硬是这么说的话,那就太可笑了。

如果有人问我:在每个国家都有它自己的宗教信仰和神祇的异教时代[④],为什么没有发生过宗教战争呢?我的回答是:正是由

① 即:超自然的力量。——译者

② 见本书第一卷第二章。——译者

③ 莫洛克,古迦太基人的神;萨土林,古罗马人的农神;克罗诺,古希腊人的农神。——译者

④ 异教时代,指基督教以前的多神教时代。——译者

于每个国家都有它的宗教信仰和它的政府，所以它才不把它的神和法律区分开。其实，政治战争就是宗教战争；神的殿堂可以说是由国家的疆界确定的，一个民族的神没有权利去管其他民族。异教徒的神并不是彼此嫉妒的神，他们在他们之间划分了世界：摩西本人和希伯来人有时候在谈到以色列的神时，都有这种看法。是的，他们认为迦南人的神是虚无的；被流放的迦南人是注定要灭亡的，迦南人的土地必将由他们去占领。但是，请看他们在谈到他们绝不去攻打的邻国的神的时候，却是这么说的："一切属于你们的神基抹所有的，"耶弗他对亚扪人说道："难道不是合法地属于你们吗？我们也有同样的资格占领我们的神所征服的土地。"* 我认为，这表明他们完全承认基抹神的权利和以色列的神的权利是平等的。

但是，犹太人(他们先臣服于巴比伦的国王，后来又臣服于叙利亚的国王)却一直只承认他们自己的神而坚决不承认其他民族的神。这种抗拒态度，被认为是在反叛征服者，因而遭到了他们史书中所记载的种种迫害。他们遭到的迫害，在基督教出现之前，还从来没有见过。**

---

* 拉丁文《圣经》的原文是：Nonne ea quae possidet Chamos deus tuus tibi jure debentur? 嘉里埃神甫把这句话译作："你们难道不认为你们有权利占有属于你们的神基抹所有的东西吗？"我不知道希伯来文原文的语气如何，但我认为，按拉丁文《圣经》的原文看，耶弗他是正式承认了基抹神的权利的；但是，法文的译者却使用了"在你们看来"(selon vous)五个字，这就减弱了"承认"二字的语气；而"在你们看来"五个字，在拉丁文原文中是没有的。——作者

** 很显然，那场福西人的战争虽然被称为"圣战"，但它绝不是宗教战争，因为那场战争的目的是惩罚那些亵渎神灵的人，而不是镇压不信教者。——作者

由于每一种宗教都独一无二地依附于信奉这种宗教的国家所颁布的法律,因此,除了把一个民族降为奴隶以外,便没有其他办法使之皈依;除了征服者以外,便没有其他的传教士。由于改变宗教信仰是被征服者必须按照法律履行的义务,所以,在谈到改变宗教信仰以前,就必须先征服他们。可见,不是人在为神而作战,反倒是像荷马所说的,是神为人而作战。交战的每一方都向自己的神祈求胜利;得胜之后便为神修建新的祭坛。罗马人在攻占一个地方之前,先要勒令该地的神退位。他们之所以把塔伦土姆人的愤怒的神留给塔伦土姆人,是因为他们认为塔伦土姆人的神已经臣服于罗马人的神了,并向罗马人的神行过臣服礼了。罗马人把自己的神留给被征服者,就同他们把自己的法律留给被征服者是一样的。他们索取的唯一贡品,通常只是向罗马的卡皮托利山[①]上的朱庇特奉献一顶神冠。

终于,罗马人在扩张他们帝国的同时,也把他们的宗教信仰和他们的神扩散到了其他民族。此外,他们还往往采用被征服者的宗教崇拜仪式和敬拜被征服者的神,并对这两者都给予城邦的权利。这样,这个庞大的帝国的人民在不知不觉中便有了多种宗教信仰和多种神,而且几乎到处都是一样的。这就是为什么在当时已知的世界中到处都是各种宗教并存的原因。

正是在这种情况下,耶稣来到地上建立了一个精神王国,从而把神学制度和政治制度区分开,使国家不再是一元的,在国家的内部造成使基督教人民一直动荡不宁的分裂。不过,这样一种关于

① 卡皮托利山,古罗马城西郊的一座小山,天神朱庇特的神殿所在地。——译者

另外一个世界的新的观念，从来没有被异教徒在思想上接受；他们一直把基督徒看作是真正的叛逆者，认为他们表面上顺从，实际上总是在寻找时机谋求独立，使自己当主人，并巧妙地篡夺他们假装温顺地敬重的权威；这就是基督徒一再遭受迫害的原因。

异教徒所害怕的事情终于发生了。这时候，一切都改变了面貌：谦卑的基督徒改变了他们的语言。人们很快就发现：这个所谓的另一个世界的王国，在一个可以看得见的首领[①]的统治下，变成了这个世界上最凶暴的专制主义。[②]

然而，由于一个国家只能有一个君主和一种国家的法律，因此，从这种双重权威[③]下便产生了一种法理上的永恒的冲突，从而使基督教国家不可能有良好的政体，使人们弄不清楚究竟是应当服从主人还是服从教士。

有好几个国家的人民，甚至就是欧洲和邻近欧洲的国家的人民，都曾经想保存或恢复他们古代的制度，但没有成功。基督教的精神到处占上风；神圣的宗教崇拜从此一直是，或者说又变成了一种不听命于主权者的活动，并且和国家政治体没有任何必要的联系。穆罕默德的眼光看得很深远：他把他的政治体系组织得很好，

---

① 指教皇。——译者

② 在这一点上，卢梭的看法和孟德斯鸠的看法是一致的。孟德斯鸠说："两个世纪以前，当基督教不幸分裂为天主教和新教的时候，北方的民族皈依了新教，而南方的民族则仍然信奉天主教。这种分化的产生，是由于北方的民族现在具有而且将永远具有一种独立和自由的精神，这种精神是南方的民族没有的。可见，一个没有可以看得见的首领的宗教，比有一个可以看得见的首领的宗教，更适合于产生在那种风土上的独立精神。"（孟德斯鸠：《论法的精神》，第5卷，第24章）——译者

③ 双重权威，指政权和教权。——译者

而且，当他的政府形式在他的历次继承者哈里发统治下继续存在的时候，这个政府一直是一元的。它之所以好，就好在这一点。然而，阿拉伯人后来变得兴旺了，开化了，文明了，怯懦了，结果被野蛮人所征服。这时候，两种权力之间又重新开始分裂，尽管这种分裂在回教徒中间不如在基督徒中间那么明显，但一直是存在的，尤其是在阿里那一派里，而且在某些国家里，例如在波斯，至今还可以很明显地被人们看出来。

在我们欧洲，英国的国王已经自封为教会的领袖，沙皇也照此办理了。不过，一采用了这个头衔，他们与教会的关系就会变得与其说是教会的主人，还不如说是教会的大臣；他们所得到的，与其说是改革教会的权利，还不如说是维护教会的权力。他们不是教会的立法者，而只不过是教会的君主。凡是在教士形成一个共同体的地方，* 则教士就会成为自己的教区的主人和立法者。因此，在英国和俄国，也同其他地方一样，有两种权力和两个主权者。

在所有基督教的著述家中，只有哲学家霍布斯很清楚地看出了这一弊端，并提出了补救的办法。① 他很大胆地建议把鹰的两

---

* 必须着重指出，把教士们结合成一个共同体的，不是像在法国的那种形式上的集合，而是教会的领圣餐。领圣餐和被逐出教会，就是教士们的社会公约。有了这个公约，教士便永远是人民和国家的主人。所有在一起领圣餐的教士都是同胞公民，即使他们是来自地球上的两极。这一发明是政治上的一项杰作。在异教徒的教士们那里没有类似这样的做法，所以他们不能形成一个教士共同体。——作者

① 参见霍布斯在《利维坦》第 3 卷中对红衣主教贝拉曼在《论教皇对世俗事务的权威》(1610)中提出的论点所作的批评。霍布斯认为：国家的首领皈依基督教以后，便应掌握宗教权威。——译者

个头[①]合并在一起，重新建立政治的统一，因为没有政治的统一，则无论是国家还是政府都不可能很好地组建。不过，他也应当看到，基督教的主导精神是与他提出的办法不相容的；教士的利益始终高于国家的利益。在霍布斯的政治理论中，使他遭到人们憎恨的，不是他那些可怕的错误论点，而是其中正确的和真实的见解。[**]

我认为，根据以上陈述的历史事实，我们就可以很容易地驳斥贝尔[③]和华伯登二人互相对立的看法：前者说没有任何一个宗教对政治体是有用的，反之，后者说基督教是政治体的最强有力的支持。对于前者，我要反驳说：没有任何一个国家的建立不是以宗教为基础的；对后者，我要告诉他：基督教的法律归根结底对于一个国家的良好体制是有害而无益的。为了使人们了解我的观点，只需对那些与我的主题有关的含糊不清的宗教观念稍加说明就够了。

宗教，从它与社会的关系来看，无论是从它与普遍的社会还是从它与特殊的社会[④]的关系来看，可以分为两种，即人类的宗教和公民的宗教。前一种宗教没有庙宇，没有祭坛，没有敬拜仪式，只

---

① 鹰的两个头，鹰是古罗马军队的军旗上的旗徽；此处"鹰的两个头"指政权和教权。——译者

** 从格老秀斯1643年4月11日给他兄弟写的一封信中就可看出这位学者对《公民论》中的哪些论点表示赞成和对哪些论点表示谴责了。的确，格老秀斯很有气度，他好像是因为赞成霍布斯的错误的论点，才假装原谅了霍布斯的正确见解。但并不是所有的人都是像他那样宽厚的。——作者

③ 贝尔(1646—1703)，法国哲学家，著有《历史与批评词典》(1697)。——译者

④ 句中的"普遍的社会"，即卢梭在他的《社会契约论》初稿第一卷第二章标题所说的"人类的普遍社会"；"特殊的社会"，即"政治社会"。——译者

有对最高的上帝的纯洁的内心崇拜和履行道德的永恒的义务；这种宗教，是《福音书》中所说的纯洁而朴素的宗教，是真正的有神论，我们可以称它为自然的神圣权利。后一种宗教，是某一个国家明文规定的宗教。这种宗教有它的神，有它特殊的守护神，有它的教条、礼仪和由法律规定的外在的敬拜形式；除了信奉这种宗教的国家以外，其他一切国家，在它看来都是不敬神的，都是化外的和野蛮的。它把它的义务和权利只限于它的祭坛的范围；早期的各国民族的宗教就是如此。我们可以称它为公民的或积极的神圣权利。

还有很奇怪的第三种宗教。这种宗教给人以两种立法、两个首领、两个祖国，使人们负有几种互相矛盾的义务，不允许人可以同时既做虔诚的信徒又做公民。喇嘛教就是如此，日本人的宗教就是如此，罗马的基督教也是如此。我们可以称这种宗教为僧侣的宗教；由此便产生了一种无以名之的混合的和反社会的权利。

从政治上来观察这三种宗教，这三种宗教都各有其缺点。第三种宗教是如此之坏，以致，若对它加以论述的话，那简直是浪费时间。一切破坏社会统一的，都是不值一谈的；凡是使人陷入自相矛盾的制度，都是不屑一顾的。

第二种宗教的好处，在于它把对神的崇拜和对法律的尊重结合在一起，从而把祖国变成公民们热爱的对象。它教导公民：效忠国家，就是效忠于国家的守护神。这是一种神权政体。在这种政体下，有了君主，就不需要有教主；有了行政官，就不需要任何教士。为祖国而死，就是为殉教而死；破坏法律，就是亵渎神明。把一个有罪的人交给公众去诅咒，就是交给神去惩罚；让他去受地狱的神的惩罚。

第二种宗教的坏处在于，它是建立在谬误与谎言的基础上的，因此它要愚弄人民，使人变得轻信、迷信，把对神灵的真心敬拜变成一种空有其名的仪式。更糟糕的是，当它变成排他的和行事专横的时候，它使一个国家的人民各个都变成嗜血的和不容异己的，动不动就大肆屠杀，甚至把屠杀那些不信它的神的人说成是什么神圣行为。这种做法，就使一个国家的人民经常处于对其他民族的天然的战争状态；这对它自身的安全也是有害的。

于是，剩下来的就只有人类的宗教，也就是基督教了。不过，不是今天的基督教，而是《福音书》上所说的基督教，它和今天的基督教是完全不同的。由于有了这种神圣的、崇高的和真正的宗教，作为同一个上帝的儿女的人类才互相认为是弟兄；把人类结合在一起的这个社会才至死也不会解体。

不过，这种宗教和政治体没有任何特殊的关系，因此它只能让法律依靠其本身的力量，而不能给法律增加任何其他的力量，因此，特殊的社会的大纽带之一①便无法发挥它的作用。不仅如此，它不但不使公民们心向国家，反而使公民们的心像远离世上的一切事物那样远离国家。我认为，再也没有什么比这更违背社会精神了。

有人告诉我们说，一个真正的基督教民族可以构成人们可能想象的那种最完美的社会。我认为这个假设很难成立，因为，既然是真正的基督教社会，那就不成其为人类的社会了。

---

① “特殊的社会”指政治社会；“大纽带之一”指宗教。——译者

我甚至可以说，这个假想的社会尽管是十全十美的，但它却没有强大的力量，也不可能持久。由于它是十全十美的，所以它缺乏联系力；它那毁灭性的缺陷，就存在于它的十全十美之中。

每一个人都恪尽自己的职责，人人都服从法律，首领们各个都公正和谦逊；官员们全都很清廉，士兵们不怕死，全社会没有虚荣和奢侈之风；这一切都很好，不过，请把眼光往深处看吧。

基督教是一种纯精神的宗教，它唯一关心的是天上的事物：基督徒的祖国不在这个世界上。是的，基督徒是恪尽职责的，但他在尽职责的时候，却从来不考虑他做的事情是否会成功。只要他觉得自己是无可指摘的，则世上的事情是好还是坏，都与他无关。即使国家繁荣了，他也不怎么敢分享公众的幸福，他甚至怕自己会因国家的兴盛而骄傲；如果国家衰弱了，他也会祝福上帝那只压在他的同胞身上的手。

为了使社会能保持安宁与和谐，就必须所有的公民无一例外的都是善良的基督徒。不过，万一不幸在他们当中出现了一个野心家，出现了一个伪君子，例如一个卡提里那或克伦威尔，则这个人肯定会在他的虔诚的同胞中大耍花招。基督教的仁爱心是不允许对邻人抱有什么坏的看法的。结果让这个人钻了空子，找到了欺骗世人的办法，并夺取了一部分公共权力，俨然成了一个尊贵的人；可见这是上帝要求人们尊敬他。如果他行使权威，这是因为上帝要求人们服从他。万一这个权力的受托者滥用权力呢？那他就是上帝用来抽打自己儿女的鞭子。如果人们要驱逐这个篡权者，那就会扰乱公众的安宁。如果用暴力，那就会伤人性命。这一切都是不符合基督徒的温良之心的。总之，在这个充满了苦难的深渊里，是自由还是受奴役，这有什么关系呢？重要的是上升到天国，而听天由命只不过是达到这个目的的另一种方法而已。

如果发生了对外战争呢？公民们都将毫不迟疑地去打仗，谁也不会逃跑。他们尽他们的职责，但对于是否能取得胜利，却缺乏热情。他们关心的是如何战死沙场，而不是如何战胜敌人。他们认为，是战胜者还是战败者，这有什么关系呢？他们应当做些什么事，上天不是比他们更清楚吗？请大家想一想，一个骄傲而又凶暴和充满斗志的敌人，将从基督徒的这种斯多葛主义[①]中得到多么大的好处啊！如果基督徒与那些热爱荣誉与祖国的民族发生冲突，如果你们的基督教的共和国与斯巴达或罗马发生战争，也许虔诚的基督徒还没有来得及弄清楚自己所处的方位，就已经被对方打得落花流水，一败涂地了；即使有可能得到保全，那也是由于他们的敌人认为他们不堪一击而饶了他们。我认为，法比乌斯[②]手下的士兵们的誓言是一个很豪迈的誓言：他们不誓言战死沙场或一定要打败敌人，而是誓言一定要凯旋而归；他们真的实现了他们的誓言。基督徒就从来没有发过这样的誓言；他们也许以为这样发誓是在试探上帝。[③]

其实，我说"基督教的共和国"，这个话是说得不对的，因为"基督教"与"共和国"这两个词是互相排斥的。基督教只宣扬奴役与

---

① 斯多葛主义，曾一度流行于古希腊的宣扬苦行和宿命的哲学思想。——译者

② 法比乌斯(公元前 275—前 203)，古罗马政治家和军事家，曾领兵击退迦太基名将汉尼拔向罗马的进攻。——译者

③ "试探上帝"，基督教的教义认为，试探上帝，是一大罪恶："你们不可试探耶和华你们的上帝。"(《圣约·旧约全书·申命记》，第 6 章，第 16 节)"经上说，不可试探主你的上帝。"(《圣经·新约全书·路加福音》，第 4 章，第 12 节)——译者

依附，它的精神太有利于暴君制了，所以不可能不让暴君加以利用。真正的基督徒生来就是奴隶；这一点，他们自己虽然知道，但却无动于衷。人的短暂的生命，在他们看来是没有什么价值的。

有些人说：基督教的军队是很出色的。这一点，我不赞同；请告诉我，他们在什么地方表现得很出色？至于我，我从来就没有见到过什么基督教的军队。人们以十字军为例。我对十字军的英勇表现不发表什么不同的意见，但我要指出：十字军并不是基督教的军队，他们乃是教士的士兵，是教会的公民，他们是在为他们的精神王国作战。不过，这个精神王国，不知道他们怎么一下子就把它变成世俗国家了。请注意：他们实际上是在为异教作战，因为《福音书》从来就没有建立过什么国家的宗教，所以，一切“圣战”都不可能在基督徒中进行。

在异教皇帝[①]的率领下，基督徒士兵是很勇敢的；所有的基督教作家都证实了这一点。这，我也相信。不过，他们的表现只不过是为了与异教的士兵争荣誉而已。在皇帝成为基督徒[②]以后，这种竞争心就没有了。十字架把鹰赶走以后[③]，罗马人的英勇气概全都消失了。

现在让我们把政治问题放在一边不谈，回过头来谈权利问题；让我们把有关这个问题的道理阐述清楚。社会公约赋予主权者统

① 指罗马帝国的皇帝。——译者

② 指罗马皇帝康士坦丁大帝(306—337)皈依基督教。——译者

③ “十字架”是基督教的标志，“鹰”是罗马军队军旗上的旗徽；“十字架把鹰赶走”意即基督教取代其他宗教成为罗马帝国的国教。——译者

治其臣民的权利,正如我已经说过的,[①]是不能超过公众利益的界限的。* 臣民只有在他们的意见涉及共同体的时候,他们才应当遵从主权者。然而,对国家来说,重要的是,必须每个公民都信奉一种宗教,才能使他热爱他的天职。不过,这种宗教的信条只是在它们涉及道德和涉及信奉该宗教的人必须尽他对他人的义务时,才与国家和国家的成员有关。除此以外,每个人喜欢抱什么看法,就可以抱什么看法,主权者无须过问,因为主权者没有主管另一个世界的职责,所以,只要臣民们今生是好公民,他们来生的命运如何,这就不是他应该管的事情了。

因此,应当颁布一个纯属公民信仰的宣言,由主权者规定其条款,不过,这种条款不可规定得像宗教的教条,而要着重表述社会性的感情,因为没有这种感情,就既不可能做好公民,也不可能做忠实的臣民。* 国家虽然不能强迫任何人信奉宣言中的条款,但它可以把不信奉它们的人驱逐出境。驱逐的理由不是因为他不相信宗教,而是因为他是反社会的,是不真心爱法律和正义的,是不可能在必要时为尽他的义务而牺牲自己的生命的。如果一个人在

① 见本书第二卷第四章。——译者

* 达让松侯爵说:“在共和国里,每个人只要行事不损害他人,就是完全自由的。”这句话阐明了一条不可改变的界限。谁也不能比这句话表达得更确切了。尽管达让松的著作不大为公众所知,但我还是有时候喜欢引用他书中的话,以表示对这个可敬的著名人物的敬意。他在担任大臣期间始终保持着一个真正的公民的心,并时时对他的国家的政府发表正确的见解。——作者

* 恺撒在为卡提里那辩护时,曾力图确立一种灵魂终将灭亡的信条。卡图和西塞罗为了驳斥恺撒,根本就不同他讲什么哲理,而是直截了当地指出:恺撒是一个坏公民才发表这番言论和有害国家的主张。的确,卡提里那的问题应当由罗马元老院来裁定,因为它不是一个神学问题。——作者

公开承认这些条款之后，在为人处事方面又表现得好像不相信的话，就应当把他处死，因为他犯了一切罪恶之中的最大的罪恶：他在法律面前撒了谎。

公民应当遵奉的宗教信仰的条款必须简单，条数要少，措辞要精确，而且不加任何解说和注释。全能的、睿智的、仁慈的、先知而又圣明的上帝是存在的，每个人都有来生，正义的人得福，恶人必受惩罚，社会契约和法律是神圣的。正面的条款就是这么几条；至于反面的条款，我认为只应当有这么一条，那就是：不宽容；这一条，早已列入我们所驳斥的那些宗教信条里了。

有些人①说政治上的不宽容和宗教上的不宽容是有区别的。

---

① 指狄德罗。狄德罗在《百科全书》中写了一条《不宽容》，认为："不宽容有两种：教士的不宽容和公民的不宽容，这两种不宽容是有区别的。"——译者

* 以婚姻为例。婚姻是一项公民的契约行为，是具有政治效力的；没有这种效力，社会就不可能继续存在。如果一个教士把认可这一行为的权利抓在他一个人的手里（在一切不宽容的宗教里，教士是必然会篡取这一权利的），很显然，他就会在这件事情上利用教会的权威使君主的权威徒具虚名。教士愿意让君主有多少臣民，君主才能有多少臣民。是允许一个人结婚或不允许一个人结婚，全由教士做主；由他根据那个人信不信这样或那样的教义，看他是采取或不采取这样或那样的仪式，看他对教士是不是虔诚，看他是不是行事谨慎和信仰坚定，然后才裁定他是否能结婚。这样一来，教士岂不是把人们的财产继承、子女的养育和公民的人身，甚至国家本身，全都掌握在他一个人手里了吗？一个国家若全是一些唯教士之命是从的人，这个国家还能继续存在吗？有人说，这只能算作是教士们滥用权利，我们可以中止或停止甚至取消他们的世俗权力。说得多么容易啊！一个教士只要稍微有一点头脑（我的意思不是说他只要稍微有一点勇气），他就会不管人家怎么说，而依然自行其是的；他毫不在乎人们说什么中止、停止或取消他的权力，因为到头来终归还是由他做主人。我觉得，当教士们确信他们最终能掌握一切的时候，即使现在放弃一部分权力，也算不上是什么重大的牺牲。②——作者

② 这条脚注，在《社会契约论》1762 年开始印刷时，卢梭曾通知书商雷伊删去。——译者

我认为他们的这种说法是错误的，因为这两种不宽容是分不开的。想同我们认为应当下地狱的人和平共处，那是不可能的；爱他们，就等于是恨那个对他们施加惩罚的上帝。必须绝对地要么挽救他们，否则就惩罚他们。哪里容许神学上的不宽容，它就不能不在政治上产生影响。* 它一产生了影响，则主权者就不再是主权者，甚至在任何世俗事务方面都不能行使主权了；从此，教士就成了真正的主人，而国王只不过是他们的官员而已。

现在已经没有而且也不可能有排他性的国家宗教了，因此，我们应当宽容所有那些宽容其他宗教的宗教。只要它们的教义与公民的义务不相违背。现在，无论何人，只要他敢说："除加入本教以外，便别无得救之路。"①就应当把这个人逐出国外，除非国家就是教会，君主就是教主。这样一种教义，只有在神权政府之下才是好的，而在其他政府之下，便是有害的。昂利四世信奉罗马教的那种理由，将使一切正直的人们脱离罗马教，尤其是善于推理的君主。②

① 这句话，是天主教神甫泰尔居里安(155—222)说的，充分反映了罗马天主教的不宽容。——译者

② 据说，法王昂利四世(1553—1610)有一次召集基督教新旧两方的神职人员在一起开会，会上，一个新教的教士说：信奉旧教也可以得救，而旧教的教士则坚持认为只有信奉旧教才可以得救。于是昂利四世便对那位新教的教士说：按照你的说法，无论是信奉新教或旧教都可以得救，而按照他的说法是只有信奉旧教才能得救，信奉你们新教就不能得救，既然如此，为稳妥起见，我只好信奉他的宗教了。于是，1593 年昂利四世便正式弃绝新教，改宗罗马天主教。——译者

第九章 结束语

把政治权利的真正原理详加阐明,并力图使国家建立在它的基础之上以后,本该继续阐述如何通过它的对外关系来支持它;这就包括国际法、通商、战争的权利和征服、公法、结盟、谈判与缔结条约,等等。不过,这一切都属于另外一个范围过于广泛的新的课题,是我有限的能力难以探讨的;我要始终把我所探讨的问题限制在我的能力之所及。

附 录 一

社会契约论(初稿本)

第一卷第二章　论人类的普遍社会[①]

让我们首先探讨政治制度的必要性是何以产生的。

人的力量,与他的自然需要和他的原始状态是如此地恰成比例,以致只要这种状态稍有变化,只要他的自然需要稍有增加,他就需要他的同类来帮助他,而当他的欲望最后发展到企图拥有整个大自然的时候,即使全人类都来合力帮助他,那也很难满足他的欲望。正是那些使我们成为恶人的原因,也使我们成了奴隶,使我们愈来愈堕落、愈来愈邪恶。我们之所以感到自己的力量微弱,其原因,更多地是来自我们的贪心,而不是来自我们的天性。我们的需要使我们彼此互相接近,而我们的贪欲却使我们互相分离;我们愈是成为我们同类的敌人,反而使我们更加觉得不能没有我们的同类。普遍社会的原始纽带就是如此;它是普遍的仁爱之心的基础。然而,尽管大家都认识到了这种仁爱之心的必要性,而这一必要性却反而扼杀了我们的感情。大家都希望得到仁爱之心结的果

---

① 参见本书译者前言第三部分。——译者

实，可是每一个人都不愿意去培育它：天性的一致性[1]，在这一点上其作用为零，因为，对人类来说，这既是引起他们争吵的原因，同时也是使他们相结合的原因；既使他们经常彼此竞争和互相嫉妒，同时也使他们互相理解和互相协作。

从事物的这个新秩序中产生了许许多多既难以估量又没有规则而且也不稳定的关系。人们经常在不断地破坏和改变这些关系；想破坏它们的人有一百个，而想固定它们的人却只有一个。由于一个人在自然状态下的相对的存在有赖于许多变化莫测的其他关系，因此，这个人不可能保证他在一生当中有两个时刻是完全相同的。对他来说，宁静和幸福都只不过是弹指即过的事；除了从这一切变化无常的境况中产生的苦难是永恒的以外，其他一切都不可能永久常存。即使他的感情和思想能上升到爱秩序和爱美德的程度，他也不可能在无法分辨善与恶和好人与坏人的状况下准确可靠地运用他的为人的原则。

所以，像我们这种由于互相需要而产生的普遍社会，对苦难的人们是根本不可能提供有效的援助的；它只能对那些已经有过多力量的人增添新的力量。而遭到忽视和欺压的广大弱者，既找不

---

① 卢梭在《爱弥儿》第 4 卷中说："人之所以合群，是由于他的身体柔弱；我们之所以心爱人类，是由于我们有共同的苦难。如果我们不是人，我们对人类就没有任何责任了。对人的依赖，就是力量不足的表征；如果每一个人都不需要别人的帮助，我们根本就不想同别人联合了。……

由此可见，我们之所以爱我们的同类，与其说是由于我们感到了他们的快乐，不如说是由于我们感到了他们的痛苦，因为在痛苦中，我们才能更好地看出我们天性的一致，看出他们对我们的爱的保证。如果我们共同的需要能通过利益把我们联系在一起，则我们的共同的苦难可通过感情把我们联系在一起。"（卢梭：《爱弥儿》，李平沤译，商务印书馆 2007 年版，上卷，第 303 页）——译者

到安身之处，也没有谁对他们伸出援手，最后只好沦为他们以为可以从中得到幸福的虚假的结合[①]的牺牲品。

[如果人们在那些使人与人之间通过自愿的联系而结合的动机中发现没有任何东西是与团结有关的，不仅没有一个共同幸福的目标，使每一个人从中得到他的幸福，反而是一个人得福就会使另一个人受苦；如果人们发现大家之所以互相接近，并不是为了共同的福祉，而是貌合神离，各存异心；那么人们就会感到，即使这样一种状态能继续存在，那它也只能成为人类罪恶与苦难的渊薮：每个人都只顾他自己的利益，都只按他自己的想法行事，都只为满足他自己的欲望而奔波。][②]

因此，天性柔和的声音已不再是我们永不出错的向导；我们得自大自然的独立不羁的生活，也不再是我们一心向往的状态。宁静和天真，在我们还没有领略到它们的美好之前就永远离我们而去。对于黄金时代的幸福生活，远古时期的愚昧的人们感觉不到，而后来的开化的人们又错过了它；因此，这种生活，对人类来说，永远是一个陌生的状态：在人类本可尽情享受的时候，不认识它，而在能认识的时候，却失去了它。

情况还不仅如此。这种完全的独立状态和这种无羁无绊的自由，尽管同远古的天真状态依然联系在一起，但最终竟成了一大坏事，不利于我们优秀才能的发展，不可能构成整体各部分之间的联系。尽管地球上到处都有人，但在他们之间几乎没有任何交往。

---

① 指政治结合即社会。——译者

② 方括号中的这段话，在手稿中被删去。——译者

我们在某些点上互相接触,但在任何一点上都不互相结合,每个人在人群中依然是孤立的。每个人都只想到他自己,我们的智慧得不到发展;我们活着,但领略不到生活的乐趣:我们还没有真正生活过就离开了人间。只要我们对我们的苦难麻木不仁,毫不知晓,就算是幸福了。我们的心中没有善,我们的行为中没有道德。我们永远认识不到,心灵的美就美在对道德的热爱。

[的确,"人类"这个词,在人们的头脑里,只不过指的是一个群体,而不意味着组成这个群体的个人与个人之间有任何真正的结合。如果我们愿意的话,我们还可以补充这样一个假设:让我们把人类想象成一个具有共同生存意识的道德人格,从而赋予它独有的特征,使之成为一个整体,并拥有无所不能的动力,使每一个部件都为了与全体有关的目的而运转起来。假定这个共同的意识就是人所共有的感情,自然的法则就是这部机器的活动原理,那么让我们来观察人和他的同类所处的这种体制所产生的结果。我们发现,实际的情况与我们的想象完全相反:社会的进步助长了个人的利益,从而窒息了人的同情心;自然的法则(最好是称之为理性的法则)的观念只有在欲望事先的发展使它的原则全都无用的时候才开始逐渐形成。由此可见,由大自然所制定的这种所谓的社会条约,是一个十足的徒有其名的东西,因为它的条件是人类永远无法了解和实现的,因此必然会遭到人们的漠视或抵制。

如果普遍的社会存在于他处,而不存在于哲学家的理论中,那么,正如我曾经说过的,它将是一个有道德的实体,具有它与那些构成它的个别成员的品质迥然不同的特殊品质;这有点儿像化学中的化合物:它的特性与那些构成它的混合物中的任何一种混合物的特性都毫不相同。很可能有一种由大自然教给人们通用的语言,作为他们互相交往的第一个工具;也很可能有一种使所有各部分得以互相沟通的共同的神经中枢。公众的幸福或苦难,并不是个人的幸福或苦难简单地加在一起的总和;它存在于把人们结合在一起的纽带中,它大于这个总和;不仅不是公众的福祉建立在个人的幸福上,反而是公众的福祉才能成为个人幸福的源泉。]①

有些人认为:在独立状态中,为了我们自己的利益,理性将使我们齐心协力为共同的幸福而努力;这种看法是错误的。因为,个人的利益不仅不能与大家的利益相结合,而且,在事物的自然秩序中,它们反而是互相排斥的。社会的法规是一种枷锁,每个人都想把这副枷锁加之于别人,而不加之于自己。被贤者所蒙蔽的独立人说:"我感到我在人类当中老是担惊受怕和惶惶不安。所以,要么就是我遭遇不幸,否则就是我使别人不幸。谁也不如我自己爱我自己。"②他还可以补充说:"即使我愿意把我的利益和别人的利益协调起来,那也是枉然的。关于社会法规的好处,你对我讲的那番话是讲得很好的,但必须是:在我规规矩矩地遵守社会法规的时候,别人对我也严格遵守社会的法规。然而,在这一点上,你能给我什么保证呢?面对强者对我施加的危害,而我又不敢去从弱者身上取得补偿,我的境况岂不是更糟糕吗?你要么就给我不受一切不公正对待的保证,否则,就别怪我不自我克制了。你别对我说什么背离自然的法则加在我身上的义务,我也就同时失去了它给

① 方括号中的这两段话,在原稿中被删去了。——译者

② 这段话,引自狄德罗的《自然权利》第三节。——译者

予我的权利;别对我说什么如果我使用暴力,别人对我就有权使用暴力。真的,我愈琢磨便愈弄不明白:我行事克制,怎么就能保证别人不会对我施加暴行。何况与强者一起分享从弱者身上掠夺的财富,这是使强者对我有利的事,这比正义更有利于我的利益和安宁。"明智而独立的人之所以如此推论,是基于一切主权社会都是如此推论的:它们的一切行为都是只顾它们自己的。

对于这样的言论,如果不用宗教信仰来加强道德观念,不用上帝的旨意来加强人类社会的联系,我们能做出其他有力的回答吗?然而,贤哲们对上帝的崇高观念,是广大的群众不明白的;上帝要求我们遵循的宽厚的博爱法则,群众是不理解的;纯洁的灵魂遵循的道德(这是上帝要求我们遵循的真正信仰)是群众难以企及的。贤哲们向群众讲述的,都是和他们同样冥顽不灵的神,让他们向这种神供献一些零零碎碎的物品,然后以神的名义尽情放纵千百种可怕的暴烈欲望。如果哲学和法律不能约束狂热的荒谬行为,如果人的声音不能胜过那些冥顽不灵的神的声音,那么,整个地球就会遍地血流成河,人类不久就会完全毁灭。

的确,既然有关伟大的上帝和自然法则的观念是人们心中固有的,那么,大肆宣扬这两者,就是多余的事了,就等于是拿我们已经知道的东西来教我们了;人们在这方面采取的做法,反而会使人忘掉它们。如果它们不是人们心中固有的,那么,凡是上帝不曾赋予过这两者的人,就用不着知道它们。如果为了让人们知道它们便需要施行一些特殊的教育,那么,每个民族都有他们唯一适合他们自己的良好的教育,然而由此产生的结果是彼此相残,而不是和谐与安宁。

因此，让我们把各种宗教的教条都抛到一边，因为，虽说运用那些教条可以使人少犯罪行，但因滥用它们而造成的罪行，也同样的多。现在，让哲学家去研究这个被神学家们总是往不利于人类的方面解说的问题吧。

可是，哲学家却推三推四，让我们去请教唯一能在这方面发表决定性意见的人类本身，因为全体的最大幸福是人类唯一的追求。他告诉我：个人应当去请教于公意，才能确切知道如何做人、如何做公民、如何做臣民、如何为人父和如何为人子以及什么时候该生与什么时候该死。“我当然知道这是我应当请教的法则，”我们的独立人说道：“可是我还没有看出我必须服从这条法则的理由。问题不在于教我什么是正义，而在于向我指出为人公正有什么好处。”的确，如果公意在每一个人的心中都是一种完全合乎理性的法则，能在人的欲望沉寂的时候推知他向他的同类可以要求些什么以及他的同类可以向他要求些什么，那就好了，那就谁也没有异议了。不过，到哪里去找这么一个能这样摆脱他自身利益的人呢？既然关心他自己的生存是天性的第一条准则，那么，我们怎能强迫他这样对待他的同类，从而承担那些与他个人的生存毫无关系的义务呢？前面提到的那些反对的理由不是依然存在吗？他不是依然不明白他个人的利益何以会要求他服从公意吗？

还有，虽说按照这个思路来概括自己的观念的思想方法，是人类的理解力最感困难和迟迟不见功效的方法之一，难道一般的平民百姓就永远不能从这种推理方法中推导出他们的行为准则吗？当一个用心良好的人就某一个个别行为去求教公意时，尽管他在准则的理解和运用上已经犯了许多错误，他不也依然认为他是在服从法律而实际是在按照他自己的想法行事吗？他应当怎样做，才能保证他不犯错误呢？听从他内心的声音吗？然而人们说内心的声音只不过是他在社会生活中养成的推理习惯和感觉习惯所形成的，而且还有它自己的法则，所以不能用它来确定一个人的行为准则，何况在他的心中根本就不可能产生任何一种高于良知的激情来维护他微弱的声音，从而使哲学家们不再认为这种声音是不存在的。让他去查考成文法的条文和各民族的社会行为与人类的敌人默许的习惯做法吗？这样，我们便又回到了最初的难题。可见，只有从在我们之间已经建立的社会秩序中才能推导出我们向往的社会秩序。我们应当根据我们的特殊社会来设想我们的普遍社会；根据小共和国的建立来设想大共和国。只有在成为公民之后，我们才真正开始成为人。根据这个道理，我们对那些所谓的以全球为家的人应当抱怎样的看法，就很清楚了。他们自称爱人类就是爱祖国；他们吹嘘他们爱所有的人，而实际上他们对谁也不爱。

我们在这方面提出的论点，是有确切的事实证明的。只要稍许追溯一下远古的年代，就可很容易地发现有关自然权利的正确观念和所有一切人都共有的博爱观念，是很晚才开始传播的；它们在世界上的进展是如此之缓慢，以致，只是在基督教出现之后，才大为普及。我们还发现，按照查士丁尼[①]制定的法律，古代的暴力行为在许多方面都是被允许的，不仅对已经被宣布为敌人的人可以行使暴力，而且对一切不是帝国的臣民也可行使暴力；可见罗马

① 查士丁尼(482—565)，东罗马帝国皇帝(527—565 在位)。——译者

人的人道主义并未在他们所统辖的地区之外施行。

的确，正如格老秀斯所说的，长期以来人们一直认为偷盗、抢劫、虐待外邦人，尤其是虐待野蛮人，甚至把他们降为奴隶，都是被允许的。那时候，见到一个不相识的人，即使你直截了当地问他是不是匪徒或海盗，他也不认为你冒犯了他，因为那时候当匪徒或海盗，不仅不丢人，反而是一种很体面的营生。远古时候的英雄，如赫居里士和德修斯①，尽管曾剿除强盗，但他们自己也在干强盗的勾当。希腊人往往把不处于交战状态的人民之间订立的条约称为"和平条约"。在有几个古代民族中，"陌生人"与"敌人"是同义语；甚至在拉丁人中也是如此，西塞罗说："我们过去所说的陌生人，现在被称为异邦人了。"由此可见，霍布斯的错误，不在于他认为独立的和已经变得可聚群而居的人与人之间的经常状态是战争状态，而在于他认为这是人类的自然状态；他认为这种状态是罪恶的原因，而实际上它是罪恶的结果。

不过，尽管人与人之间没有自然的和普遍的社会，尽管人在变得可聚群而居的同时也变得不幸和邪恶，尽管正义与平等的法则在那些在自然状态中享受着自由而在社会状态中受制于各种需要的人看来已成空话，但我们绝不可因此便认为我们既没有道德也没有幸福了，绝不可认为上天已经使我们坠入无可救药的人类堕落的深渊了；我们应当努力从苦难的本身中找到能挽救我们的良方。让我们，如果可能的话，用新的社会形式去匡正普遍社会的缺

---

① 赫居里士是希腊神话故事中的半人半神的大力士；德修斯是希腊神话故事中的雅典国王。——译者

点。愿那位言辞激烈的提问人[①]去亲眼看看这样做的效果。让我们用完善的办法向他展示如何补救当初的办法给天性造成的创伤,并向他指出他所说的幸福的状态是不幸福的,他认为是无懈可击的理论是错误的。但愿他在事物的美好组合中领悟到良好行为的价值,领悟到坏行为将受惩罚,领悟到正义和幸福是相辅相成的。让我们用新的光辉开启他的理智,用新的感情温暖他的心;愿他在与他的同胞分享宁静和幸福的过程中更加宁静和幸福。如果我这番热忱在这件事情上没有使我盲目行事的话,我们就绝不要怀疑这个人类的敌人有一颗坚强的心和一副正确的头脑,最终一定会抛弃他的仇恨和错误,使他误入歧途的理智最终回到人道主义上来。愿他宁要真正的利益而不要表面的利益;愿他为人善良,厉行美德和心地仁慈;总而言之一句话,愿他从一个凶恶的强盗变成一个秩序良好的社会的最坚强的支柱。

① “言辞激烈的提问人”指狄德罗。狄德罗在《自然权利》第五节开头一句提的问题“我们应当怎样回答那位言辞激烈的推理人,才能把他说得哑口无言呢?”中使用了“言辞激烈的”五个字,故卢梭在这里也以“言辞激烈的”一语回敬之。——译者

附 录 二

《山中来信》第 6 封信(摘译)

卢梭的《社会契约论》和《爱弥儿》一出版,就遭到日内瓦和巴黎当局的查禁。书被当众焚毁,政教两界和各种各样的知名人士批评这两本书的文章,像飞蝗似的向卢梭袭来。在众多围攻卢梭的文章中,以日内瓦检察长特农香匿名发表的《乡间来信》的论点组织得最为严密,其"文笔之巧妙,堪称上乘,不愧是作者罕见的才能的不朽之作。"[①]为了反击特农香的《乡间来信》,卢梭写了一本《山中来信》。他说:"首先,我要在文章的标题上与他唱对台戏;我针锋相对地用《山中来信》做我的文章的标题。"[②]全书共九封信,其中第六封信是专门为《社会契约论》进行辩护的。信中首先对《社会契约论》的主要论点做了一个概述,文字简约,对《社会契约论》的内容概括得最为精练。现摘译如下,供读者参考。

我的两本书[③]遭到了同样的指摘,并同时被当众焚毁。可是在这两本书中,只有一本是论述政治权利和政府的运作。虽说那

---

① 卢梭:《忏悔录》,第 12 卷,巴黎《袖珍丛书》1972 年版,下卷,第 411 页。——译者

② 同前。——译者

③ 指《社会契约论》和《爱弥儿》。——译者

一本书[①]也谈论这两个问题。但通篇也只不过是这一本书[②]的一个摘要。[③] 因此我推断，你们所指摘的是这一本书。既然你们对其中的一些说法进行指摘，你们就应当把它们向公众全文引录，或者，至少也要像你们针对我有关宗教的论述那样摘录其中几个说得对或说得不对的观点。

既然你们说我阐述的那一套理论是旨在破坏政府，那么，就让我把那一套理论陈述出来或者对全书做一个分析。如果在我的分析中显然看不出什么破坏性的言论，那我们就按照作者的陈述到书中去寻找，看是不是有。

不过，先生们，我所做的分析是很短的；尽管你们从我的分析中可以得出某些结论，但你们千万别匆忙行事。现在就让我们来一起研究，等研究完了以后，你们再回过头来下结论，如果你们愿意的话。

是什么使国家成为一个整体的？是它的成员的结合。[④] 它的成员何以会结合在一起？是由于有把他们联系在一起的义务。这一点，大家迄今是完全同意的。

不过，请问这种义务的基础是什么呢？在这个问题上，学者

① 指《爱弥儿》。——译者

② 指《社会契约论》。——译者

③ 这个"摘要"见卢梭《爱弥儿》中的那篇《游历》。这篇《游历》的大部分内容是经过简写的《社会契约论》的撮要，不仅文字畅晓，以简明的词句阐述了《社会契约论》中的一些艰深的义理，而更重要的是，他针对书中陈述的原理，用提问的方式启发人们对许多政治问题进行深入的思考。（见卢梭：《爱弥儿》，李平沤译，商务印书馆 2007 年版，下卷，第 690—723 页）——译者

④ "国家或城邦只不过是一个道德人格，它的生命在于它的成员的结合。"（《社会契约论》，第 2 卷，第 4 章）——译者

们的意见是有分歧的。有些人[①]说是强力，另外一些人[②]又说是父权，还有一些人[③]又说是神的旨意。每个人都可以对自己提出的观点讲出一番道理，并批评别人的观点是错误的。我本人也一样，我将像那些在这个问题上发表过有益的意见的人那样，提出我自己的看法。我的看法是：政治共同体的基础，是它的成员们的公约。对于一切与我的看法不同的论点，我已经进行过驳斥了。

且不说我的看法是多么地符合事实，单拿其依据的可靠性来说，就已经胜过其他人的观点了。因为，在人与人之间，除了承担义务的人的自由的约定以外，还有什么其他更可靠的基础使他们承担义务呢？对于其他人的观点可以进行争论，而对于我的观点，是没有什么可争论的。

正是由于必需要有"自由"这个条件（这个条件就包含了其他条件），所以，一切没有这个条件的约定都是无效的，即使拿到人类的法庭上去裁判，也是无效的。因此，为了明确这个约定的内容，我们就需要阐明它的性质，指出它的用途和目的，并证明它是适合于人的，而且与自然法毫不抵触。我们不许可以社会契约来违反自然法，不许可以个别的契约来违反人为法：正是由于有了法律，自由才能存在，从而使公约具有力量。

根据以上所说，我的结论是：社会契约是一种特殊的公约。由于有了这个公约，每一个人对所有的人都承担了义务；反过来，所

---

① 参见《社会契约论》，第一卷，第三章。——译者

② 参见《社会契约论》，第一卷，第二章。——译者

③ 指博絮埃等人。——译者

有的人也对每一个人承担了义务。这就是成员们结合的直接目的。

我之所以说这种公约是一种特殊的公约，是由于它是绝对的、无条件的、无保留的，因此它不可能是不公正的，也不可能遭到滥用。因为，只要整个集体都为大家着想，共同体是不会自己伤害自己的。

我之所以说这种公约是一种特殊的公约，另一个原因是：它虽把参加公约的人都结合在一起，但它不使他们受任何一个个人的奴役；①尽管它把他们唯一的意志作为法规加之于全体订约者，但它能使每一个个人同以往一样的自由。②

由此可见，全体的意志就是秩序，就是最高的法规。这个普遍的和人格化的法规，我称之为主权者。

因此，主权是不可分割的、不可转让的，③它实质上存在于共同体的全体成员。

不过，这个抽象的集体如何行动呢？它通过法律而行动；除此以外，它就没有其他的行动办法。

什么叫法律？法律是公意对一个涉及共同利益的事物的庄严的公开宣告。

我说的是"涉及共同利益的事物"，因为，如果该事物不是与所

---

① "每个人都是把自己奉献给全体，而不是奉献给任何一个个人。"(见《社会契约论》，第一卷，第六章，第 20 页)——译者

② "每一个在这种结合形式下与全体相联合的人所服从的，只不过是他本人，而且同以往一样的自由。"(见《社会契约论》，第一卷，第六章，第 19 页)——译者

③ 这句话，正好是《社会契约论》第二卷第一章和第二章的标题。——译者

有的成员都有关系，则法律将失去它的力量，而且是不合理的。

从性质上说，法律是不能针对个别的对象而订立的，但它却可以应用于个别的对象。

立法权应掌握在主权者手里，但它所立的法却需要另外一个权威来执行，也就是说，该权威可以把法律订成个别的法令。这个执行法律的权威的存在，其目的就是在执行法律，而且只能是执行法律。为此，就需要建立一个政府。

什么叫政府？政府是在属民与主权者之间建立的一个中间体，它的目的是使这两者互相适应，并负责法律的执行和保障公民与政治的自由。

作为政治共同体的一个组成部分，政府应表达组建它的公意；但就政府本身来说，它也有它自己的意志。这两种意志有时候是协调一致的，有时候又是互相冲突的。正是在这既协调一致又互相冲突的关系中，整个机器才能运作。

不同形式的政府的组建原则，取决于组成政府的人员的数目。人数愈少，政府便愈有力量；人数愈多，则政府便愈弱。由于主权总倾向于愈来愈松弛，所以政府的势力将愈来愈加强，其结果，行政机构将逐渐逐渐地凌驾于立法机构之上，最后，到法律听命于人的时候，就只剩下奴隶和主人了，而国家也就被摧毁了。

在国家被摧毁以前，政府将自然而然地改变其形式；组成政府的人数将逐步由多变少。

就政府可能采取的形式而言，主要有三种。把这三种形式的政府的优缺点加以比较以后，我倾向于选择介于两个极端之间的那一种，即贵族制政府。① 必须记住的是：国家的组成和政府的组建，是两种截然不同的事物，我从来没有把它们混为一谈过。在三种政府当中，最好的形式是贵族制政府，但就主权而言，最糟糕不过的是由贵族掌握主权。

根据这些论点，人们就可以推导出我在政府蜕化的方式上以及延缓政治共同体的毁灭的方法上将发表些什么意见了。

最后，在《社会契约论》的最后一卷，我以历史上曾经存在过的最好的政府即罗马的政府为例，论述了最有利于建立国家良好体制的方法；接着，在卷末和全书的结尾部分指出宗教不仅能够而且应当作为一个合法的组成部分纳入政治共同体。

各位先生，你们读了我对《社会契约论》所做的这个简短而忠实的分析以后，有何感想？你们的感想，我是猜得出来的。你们将众口一词地说："卢梭讲述的，就是日内瓦政府的情形嘛。"其实，这个话，凡是了解你们政治制度的读者，读了《社会契约论》以后，都这么说过了。②

---

① 在政府的形式方面，卢梭是倾向于选举而又不世袭的贵族制政府的。（参见《社会契约论》，第三卷，第五章）——译者

② 1762 年 6 月 15 日，有一个名叫穆尔杜的人写信告诉卢梭："我们城中（指日内瓦。——引者注）的有产者说《社会契约论》是他们获得自由的武器。虽然一小部分人把它烧了，但大多数人却扬扬得意。"（参见雷蒙·特鲁松：《卢梭传》，李平沤、何三雅译，商务印书馆 1998 年版，第 295 页）——译者

后　记

《社会契约论》这本书，最初译作《民约通义》，后来译作《民约论》。自1898年（清光绪二十四年）传入我国，至今已百有余年矣。此次，商务印书馆约我重译此书，这个工作是很艰巨的。原书义理深邃，译者学力有限，虽努力从事，译文亦难期尽善。不妥之处，深望广大读者不吝指正。

此次译这本书，采用的是巴黎嘉尼埃-弗拉玛尼翁（Garnier-Flammarion）出版社1966年的版本。在翻译过程中，参照巴黎勒内·伊尔絮姆（René Hilsum）出版社1933年出的本子和伽里玛（Gallimard）出版社1964年版《卢梭全集》第3卷中的《社会契约论》，改正了嘉尼埃-弗拉玛尼翁本中个别排印上的错误。

《社会契约论》是世界政治思想史上的经典著作之一，书中涉及的范围甚广，因此，在有些地方做了必要的注释。这些注释，有的采自上述法文原本，有的采自拙作《主权在民Vs"朕即国家"——解读卢梭〈社会契约论〉》（山东人民出版社2001年版），个别地方则随译文的进展，视需要而增加，以期有助于阅读原书。

译者在工作中，得到了许多友人的帮助，江裕佩和洛克桑·阿萨纳（Roxane Ah-Sane）对我的工作的进展尤为关心和支持。

在此全书译文告竣之际，谨志一言，对两位女士和所有帮助我的友人表示衷心的谢意。

李平沤

2009 年 4 月

于北京对外经济贸易大学惠新里宿舍

图书在版编目(CIP)数据

社会契约论/(法)卢梭著;李平沤译.—北京:商务印书馆,2017(2023.4重印)
ISBN 978-7-100-12839-1

Ⅰ.①社… Ⅱ.①卢…②李… Ⅲ.①政治哲学—法国—近代 Ⅳ.①D095.654.1②B565.26

中国版本图书馆CIP数据核字(2016)第313259号

社会契约论

或

政治权利的原理

〔法〕卢 梭 著

李平沤 译

商 务 印 书 馆 出 版
(北京王府井大街36号 邮政编码100710)
商 务 印 书 馆 发 行
北京通州皇家印刷厂印刷
ISBN 978-7-100-12839-1

2017年5月第1版　　开本 850×1168 1/32
2023年4月北京第8次印刷　　印张 6⅛
定价:38.00元